Die besten Spiele
für den Deutschunterricht

2.–4. Schuljahr

mit Spielen von Birgit Fuchs

Oldenbourg

Bibliografische Information der Deutschen Nationalbibliothek
Die Deutsche Nationalbibliothek verzeichnet diese Publikation in der Deutschen Nationalbibliografie; detaillierte bibliografische Daten sind im Internet über <http://dnb.d-nb.de> abrufbar.

Das Papier ist aus chlorfrei gebleichtem Zellstoff hergestellt, ist säurefrei und recyclingfähig.

1. Auflage 2011
Druck 15 14 13 12 11
Die letzte Zahl bezeichnet das Jahr des Drucks.

Umschlagkonzeption: Mendell & Oberer, München
Umschlag: Björn Tiedemann, München; Melanie Beutel, München
Lektorat: Tanja Jenning, Augsburg
Herstellung: Daniela Birnböck
Illustrationen: Jan Birck, München
Satz und Repro: design.83, Claudia Kaule, Lauingen
Druck und Bindung: Beltz Bad Langensalza GmbH, Bad Langensalza

ISBN 978-3-637-01327-8

Inhaltsverzeichnis

Grammatik mit Pfiff

Sprachspielereien

Ideen für kleine Dichter und Denker

Vorwort

Deutsche Sprache – schwere Sprache?

Es steht außer Frage: Die Zahl der Kinder, die Deutsch als Zweitsprache erwerben, ist in den letzten Jahren gewachsen. Aber auch viele Kinder, deren Muttersprache Deutsch ist, haben Schwierigkeiten mit der deutschen Sprache. Ein spielerischer Umgang mit der Sprache kann für manche Kinder *die Lösung* sein, wieder mehr Spaß am Deutschunterricht zu bekommen!

Diese Sammlung von **117 Deutschspielen** bietet Ihnen kreative Ideen, um den Grammatikstoff der Grundschule (z. B. Wort- und Satzarten, Satzglieder) zu üben, sowie abwechslungsreiche Sprachspiele. Desweiteren enthält sie zahlreiche interessante und anspruchsvolle, auch einige künstlerische und „kulinarische" Schreibanregungen.

Viele Spielideen sind so variabel, dass sie ab der zweiten bis zur vierten Klasse eingesetzt werden können.

Hinweis zu den Grammatikbegriffen:

In diesem Band wurden für die Wortarten und Satzglieder durchgängig die lateinischen Begriffe (z. B. Nomen, Verb, Adjektiv) verwendet. Wenn Sie im Unterricht andere Begriffe einsetzen, dann können Sie die Anregungen einfach entsprechend abändern.

Viel Spaß beim Ausprobieren, Rätseln und Spielen!

1 *Vokalpalaver*

Um jede Menge Vokale geht es in diesem pfiffigen Spiel!

Die Kinder sollen sich an bekannte Wörter erinnern oder auch neue Fantasiewörter erfinden, in denen der jeweilige vorgegebene Vokal so oft wie möglich auftaucht.

Beispiele:

- A/a: Alarmabsprache, Ananasschale …
- E/e: Ellenbogengesellschaft, Fenchelsenfsoße …
- I/i: Kinderwinterstiefel, Riminiliebhaberei …
- O/o: Mormonenmarathon, Ochsenrodelpokal …
- U/u: Kaugummipackung, Rapunzelrucolaragout …

2 Wenn die Wörter laufen lernen

Die Lehrerin verteilt Kärtchen mit den Abkürzungen der verschiedenen Wortarten an die Kinder, z. B. je zehn Kärtchen mit N (Nomen), V (Verb) und A (Adjektiv). In höheren Klassen können auch mehr Wortarten berücksichtigt werden! Auf der zugeklappten Tafelinnenseite ist bereits ein Satz vorgegeben, der vorrangig diese Wortarten enthält. Die Lehrerin ruft: „Ich brauche zweimal N, einmal V und einmal A."
Entsprechend versammeln sich Kinder ungeordnet vor der Tafel und halten ihre Kärtchen hoch. Die Klasse hat nun kurz Zeit, sich diese Kinder in Verbindung mit den jeweiligen Wortarten zu merken.
Anschließend verstecken die Kinder ihre Wortkärtchen hinter dem Rücken und die Tafelanschrift wird präsentiert. Preisfrage: In welcher Reihenfolge müssen sich die Kinder aufstellen, damit sie der Abfolge der Wortarten im Satz entspricht?

3 *Wortrechnungen*

Noch nie etwas von Wortrechnungen gehört? Dabei handelt es sich um ein kurzes Knobelspiel für zwischendurch.

Den verschiedenen Wortarten wird je ein gezeichnetes Symbol zugeordnet. Die Zuordnung steht für alle Kinder ersichtlich an der Tafel oder wird für weitere Spiele als Merkhilfe (Plakat) im Klassenzimmer aufgehängt.

Beispiele:

□ = Nomen
○ = Verb
△ = Adjektiv
◎ = sonstiges Wort

Die Lehrerin stellt nun eine Symbolrechnung auf, z. B.:
□ + ○ + ◎ + △ + □.
Die Lösung dieser Rechnung könnte lauten: „Martin bastelt wirklich tolle Drachen." oder „Hunde fressen oft alte Knochen."

Variante:

Wenn den Kindern die Wortartensymbole von Maria Montessori vertraut sind, können auch diese für die Wortrechnungen verwendet werden.

4 Stadt – Land – Wort

Nicht um geografische Kenntnisse, sondern um Wortschatzerweiterung und das Sortieren nach Wortarten geht es bei dieser temporeichen Variante des bekannten Spiels! Jedes Kind erhält eine Kopie des Spielplans mit mehreren Spalten. In der Überschriftenzeile stehen die den Kindern bekannten Wortarten. Per „Abc-Stopp" (siehe S. 98) wird ein allgemein verbindlicher Buchstabe ermittelt, mit dem nun sämtliche Wörter in den Spalten beginnen müssen! Wer schlau ist, kann sich – sofern ein geeigneter Buchstabe vorgegeben wird – auf das Prinzip der Wortfamilie besinnen, um auf diese Weise rasch und effizient zu den Lösungen zu gelangen, z. B.:

Buchstabe	Nomen	Verben	Adjektive	Punkte
H	Herz	herzen	herzig	30

Zur Erschwerung des Spiels könnte aber gerade auch eine solche Vorgehensweise verboten werden. Die Auswertung erfolgt durch Partnerkontrolle, wobei für jedes gefundene und auch richtig geschriebene Wort (Groß- und Kleinschreibung!) 10 Punkte vergeben werden. Haben zwei benachbarte Kinder in einer Spalte das gleiche Wort stehen, so gibt es hierfür nur 5 Punkte. Für eine in der Not kreierte Neuschöpfung eines Wortes gibt es immerhin einen Punkt, denn schließlich hat sich sein Urheber doch große Mühe mit ihm gegeben!

5 Verflixt gemixt

Drei Wortkarten werden vorbereitet. Auf einer Karte steht „Nomen", auf der zweiten Karte steht – eventuell farbig abgehoben – „Adjektiv", auf der dritten Karte „Verb".

Ein Kind darf einen Suchbegriff auswählen und ihn der Lehrerin ins Ohr flüstern. Bei dem Begriff soll es sich um einen Gegenstand, einen Beruf, eine Person usw., also um ein Nomen handeln.

Das Kind, das sich das Wort ausgedacht hat, steht nun vor der Klasse und erwartet die erste Karte der Lehrerin. Hält sie die „Verben-Karte" hoch, so muss es nacheinander geeignete Verben formulieren, die zum gesuchten Begriff hinführen. Präsentiert die Lehrerin aber die „Nomen-Karte", so darf es das Rätsel nur unter Verwendung von Nomen stellen. Bietet die Lehrerin jedoch die Karte mit „Adjektiv" an, so dürfen lediglich Adjektive die anderen Kinder auf die richtige Fährte bringen.

6 *Der Maulwurf Egon bläst kräftig in den Dudelsack*

Maulwurf Egon hat es auf die Wortarten abgesehen!
Jedes Kind bekommt eine Kopie der Überschrift oder eines ähnlich lustigen Satzes auf einem querformatigen Blatt. Darunter befinden sich Leerspalten für neue Sätze, die von den Kindern in Partnerarbeit gefunden werden sollen. Dabei richtet sich die Reihenfolge der Wortarten nach dem vorgegebenen Satz. Also: Unter den Artikel („Der") gehört wieder ein Artikel, unter das Nomen „Maulwurf" ein neues Nomen, dann ein Eigenname, ein Verb usw.
Wenn die Lehrerin möchte, kann sie auf Zeit spielen lassen und für jeden neuen Satz beispielsweise zwei Minuten (Küchenwecker oder Stoppuhr) gewähren.
Bei der abschließenden Auswertung wird die Beachtung der Reihenfolge überprüft; die nettesten Sätze werden mit ein paar Gummibärchen prämiert.

7 Flotte Begleiter

Ein schnelles Spiel, das allen Kindern großes Vergnügen bereitet!

Zu vorgegebenen Nomen sollen in kurzer Zeit die richtigen Artikel gefunden werden. Dazu werden im Vorfeld möglichst viele Begriffe gesammelt. Dann zeichnet jedes Kind ein Schäfchen auf ein kleines Stück Papier. Nun liest ein Mitschüler oder die Lehrerin viele Begriffe rasch hintereinander vor – und zwar ohne Artikel. Handelt es sich um ein weibliches Nomen, stehen sofort alle Mädchen auf. Handelt es sich um ein männliches Nomen, stehen alle Jungen auf. Handelt es sich aber um ein Neutrum, steht hoffentlich keiner auf, hebt aber sehr wohl sein „sachliches" Schäfchen hoch.

Tipp:

Besondere Konzentration ist gefordert, wenn akustisch ähnlich klingende Nomen geboten werden, z. B.: Wasser, Gewässer, Gewissen, Gewinnnummer, Windhose usw.

Variante:

Vorsicht, Falle! Wer sich bei einem Verb, Adjektiv oder einer sonstigen (von der Lehrerin unauffällig eingebauten) Wortart erhebt, der bekommt dafür einen Schlafmützen-Minuspunkt.

8 *Faule Eier*

Jede Gruppe überlegt sich zehn zusammengesetzte Nomen – darunter befinden sich ein oder zwei „faule Eier". Dabei handelt es sich um falsche Wortzusammensetzungen, die jedoch in der Menge der übrigen richtig zusammengesetzten Nomen beim ersten Hinhören gar nicht so leicht auszumachen sind.

Beispiel:

Kopfsalat, Salatgurke, Essigsoße, **Obstbirne**, Eierspeise, Speiseeis, Hörnchennudel, Stangensellerie, **Ringzwiebel**, Vogelnest.

Der Sprecher jeder Gruppe trägt die gefundenen Wörter rasch hintereinander vor. Sobald jemand die Unsinnswörter erkannt hat, ruft er: „Faules Ei!"
Die Lehrerin notiert die von den Kindern als faule Eier befundenen Wörter an der Tafel. Sie werden anschließend einzeln unter die Lupe genommen. Handelt es sich wirklich um eine falsche Wortzusammensetzung? Manchmal ist die Beantwortung dieser Frage gar nicht so einfach.

9 *Katzen, Frösche und Co.*

Zusammengesetzte Nomen können wunderbar über verschiedene Sinneskanäle erraten werden.

Ein Schülerpaar einigt sich geheim auf einen Begriff (z. B. „Katzenschwanz") und bespricht die Rollenverteilung. So präsentiert sich der erste Spieler mit einem lauten „Miau" vor der Klasse – der Partner stellt durch Gesten einen wedelnden Schwanz dar! Wie mag das Wort wohl lauten? Oder: Einer malt einen Frosch an die Tafel – der andere fängt an zu quaken. Wie könnte der Begriff heißen? Hier ist die gesuchte Zusammensetzung „Froschkonzert".

Variante:

In den niedrigeren Klassen werden die Begriffe von der Lehrerin vorgegeben und dürfen kurz vor dem Unterricht (z. B. im Nebenraum) von den Partnern geübt werden.

10 *Ganz Ohr*

Ein Kind verlässt das Klassenzimmer. Inzwischen berät sich die übrige Klasse und tüftelt ein schwieriges zusammengesetztes Nomen aus, z. B. „Fremdenverkehrsbüro".
Dieses Wort wird in seine Silben aufgeteilt und die Klasse in ebenso viele Gruppen. Sobald das Kind nun das Zimmer wieder betritt, schreit jede Gruppe laut ihre Silbe! Wird der arme Schüler den Begriff „erhören"?

Variante:

Zusätzlich zu dem „Silbensalat" wird ein weiteres Kind dazu bestimmt, die Wortart rhythmisch auszurufen.

11 Zusammengesetzte Wörterschau

Die Lehrerin zeigt auf dem Overheadprojektor (bzw. an der Tafel) ein handlungsträchtiges Bild oder Poster. Gut eignen sich beispielsweise eine Marktszene, ein Werbeplakat oder eine Reproduktion eines Gemäldes (z. B. „Kinderspiele" von Pieter Breughel oder Ähnliches).
Die Kinder haben nun wenige Minuten Zeit, möglichst viele zusammengesetzte Wörter zu nennen, die mit dem Bild zu tun haben. Freie Assoziationen zum Bildinhalt sind natürlich auch erlaubt!

Beispiele:

Spielwiese, kunterbunt, Obstkörbe, rappelvoll, Menschenmenge, Kinderspiel, Marktstand usw.

Ein Kind oder die Lehrerin führt Protokoll und eröffnet der gespannten Hörerschaft nach Beendigung der Suche die reiche Ausbeute.
Erstaunlich, was alles zusammenkommt, wenn die ganze Klasse ihre Beobachtungen und Ideen zusammenträgt!

Tipp:

Als kleine zusätzliche Grammatikaufgabe können die Wörter noch nach Wortarten (Nomen, Adjektive) getrennt aufgeschrieben werden und die darin enthaltenen Wörter genannt werden: Spielwiese (Nomen) = spielen + Wiese.

12 Abstrakte Kunst

Konkrete Nomen kann man zeichnerisch darstellen. Wie aber sieht es mit den abstrakten Nomen aus? Wie sehen z. B. die Freude, der Ärger, die Liebe … aus?
Diesem Problem soll im Deutschunterricht auf künstlerischer Ebene begegnet werden. Wenn genügend Zeit zur Verfügung steht, dürfen die Kinder auf großformatigem Zeichenpapier mit Wasserfarbe und Pinsel ihre Versuche unternehmen; ansonsten kann auch mit Buntstiften oder Wachsmalkreiden gearbeitet werden.

Beispiele:

- Wie stelle ich mir die Freude vor?
- Welche Farben tauchen auf bei dem Begriff Trauer?
- Wie leuchtet die Liebe?
- Durch welche Farben und Formen kann ich Schrecken zum Ausdruck bringen?

Im Anschluss erfolgt eine Auswertung der Ergebnisse. Ausdrucksstarke und eindeutige Lösungsvorschläge werden an die Pinnwand geheftet und mit dem jeweiligen abstrakten Nomen samt Artikel beschriftet.

Tipp:

Im Kunstunterricht kann eine Vorstellung verschiedener abstrakter Künstler vorausgehen. Toll, auf welche Ideen die kleinen „Picassos" und „Mirós" kommen werden!

13 Die steinige Oma

Die Kinder suchen in Gemeinschaftsarbeit beliebige, aber ausdrucksstarke Adjektive, die an der Tafel schriftlich festgehalten werden. Es müssen so viele Adjektive gesucht werden (z. B. acht), wie Lücken in einem Lückentext vorhanden sind, den die Lehrerin nach der Wortsammlung schließlich an die Wand projiziert.

Beispiel für die Adjektiv-Sammlung:

1. verschwitzt
2. verrückt
3. ölig
4. bunt
5. schneebedeckt
6. rund
7. gebürstet
8. steinig

Beispiel für den Lückentext:

Gestern kam meine … Omi aus dem …
China völlig … zu Hause an.
… setzte sie sich auf einen … Stuhl
und packte den … Koffer aus.
Oh, ein … Kürbis! Morgen werden
wir eine … Suppe davon kochen.

Wenn nun die vorher gesammelten Adjektive in die Lücken eingebaut werden sollen, wird es meistens lustig. Welches Adjektiv wirkt an welcher Stelle besonders komisch? Gleichzeitig und wie nebenbei lernen die Kinder die richtige Deklination der Adjektive!
Der obige Lückentext könnte also lauten:

Gestern kam meine **steinige** Omi aus dem **schneebedeckten** China völlig **verschwitzt** zu Hause an. **Ölig** setzte sie sich auf einen **verrückten** Stuhl und packte den **runden** Koffer aus. Oh, ein **gebürsteter** Kürbis! Morgen werden wir eine **bunte** Suppe davon kochen.

14 Ich, du, er, sag mir wer!

Ein Spiel, mit dem man jede Klasse zum Lachen bringt! Die Lehrerin ruft ein Kind auf und stellt ihm drei vorher zurechtgelegte Fragen. Zwei Fragen davon müssen mit „Ich!" beantwortet werden, eine darf das Kind mit „Du!" (bzw. „Sie!") beantworten. Dabei handelt es sich um eine „Gewissensentscheidung", auf welche Frage es mit einem offensiven „Du!" antwortet und dabei auf seine Lehrerin zeigt. Schließlich weiß es noch nicht, ob eine noch peinlichere Frage nachfolgen wird.

Beispiele:

1. Wer steht morgens artig auf und putzt sich die Zähne?
2. Wer isst geröstete Regenwürmer?
3. Wer ist schon einmal auf einer Bananenschale ausgerutscht?

Die Kinder kommen sicher auf noch viel lustigere Ideen. Natürlich können auch die übrigen persönlichen Pronomen geübt werden, z. B. mit einer kleinen Gruppe von Schülern, deren Sprecher die von einem anderen Kind gestellten Fragen mit „Wir!" oder aber mit „Er!" bzw. „Sie!" beantwortet (und dabei mit dem Zeigestab auf ein weiteres Kind deutet). Das Kind, auf welches mit dem Zeigestab gezeigt wurde, darf anschließend drei neue Fragen stellen. So entsteht ein lustiges Hin und Her, bei welchem keinesfalls ein Name genannt werden darf.

15 Quick-Blick

Ein Satz wird auf dem Overheadprojektor präsentiert und anschließend von jedem Kind aufgeschrieben. In den Wörtern sind Pronomen „versteckt". Mit scharfem Blick und einem Farbstift suchen die Kinder danach und umkreisen sie auf ihrem Blatt. Als Hilfe kann die Lehrerin noch die Anzahl der zu suchenden Pronomen angeben. Die Kontrolle erfolgt durch ein Kind mit einem wasserlöslichen Folienstift vorne.

Beispiele:

- Der Pater schüttelt fest das Nudelsieb.
- Auf der Dichtung liegt ein Gewirr von Wollresten.

16 Dreitausendundzwölf

Jedes Kind gibt einen Zettel mit einem bestimmten und möglichst beeindruckenden Zahlwort (z. B. „neunhundertneunundneunzig") oder einem unbestimmten Zahlwort (z. B. „einige, wenige, ein paar ...") ab. Alle Zettel wandern in einen Schuhkarton.
Ein Kind zieht nun drei „Zahlwörterlose". Nun dürfen sich die anderen Kinder melden und jeweils eine lustige Frage an den Loszieher richten.

Beispiele:

- Wie viele Schuhe hast du schon geputzt?
- Wie viele Male hast du im letzten Monat in der Nase gebohrt?
- Wie viele Male hast du am Morgen verschlafen?
- ...

Diese Fragen muss das Kind jeweils mit einem Zahlwort von seinen Zetteln beantworten. Dabei sollte jedes der drei Zahlwörter wenigstens einmal verwendet werden.
Hat sich das Kind mit seinen haarsträubenden Antworten „erlöst", darf es einen neuen Schüler bestimmen, der die nächsten Lose zieht.

17 Nur eine Frage der Zeit

Die Klasse wird in drei Gruppen eingeteilt: in „Kindergartenkinder", „Schulkinder" und „Erwachsene".
Ein bestimmter Satz soll in verschiedene Zeitstufen übertragen werden, z. B.: „Ich spiele mit Klötzchen."
So spricht das Kindergartenkind: „Ich spiele mit Klötzchen."
Das Schulkind sagt: „Ich spielte mit Klötzchen."
Der Erwachsene sagt: „Ich habe mit Klötzchen gespielt."

Auf diese Weise werden die Gegenwart (Präsens), erste Vergangenheit (Imperfekt) und zweite Vergangenheit (Perfekt) spielerisch und anschaulich geübt. Sobald das Prinzip klar ist, darf ein Kind die Regie übernehmen und mittels Zeigestab auf eine Gruppe deuten.
Die Gruppe spricht den Satz in der passenden Zeit im „Chor". Natürlich darf sich der „Regisseur" neue Sätze ausdenken und ins Spiel bringen.

Variante:

Auch die Zukunft (Futur) kann in den höheren Klassen mit eingebunden werden durch den Satz: „Wenn ich einmal alt bin, werde ich ..."
Die Kinder finden allerlei lustige Dinge, die sie tun werden, wenn sie einmal Opas und Omas sind. Wenn das keine Zukunftsaussichten sind!

18 *Er-gänzen*

Die Lehrerin notiert auf Zuruf der Kinder verschiedene Vorsilben und dazu passende Verben an der Tafel. Anschließend wählt ein Kind aus dieser Sammlung eine Vorsilbe aus und spricht sie zu seinem Nachbarn. Der Nachbar muss nun rasch ein passendes Verb dazu finden, z. B. „ent-scheiden".
Der nächste Banknachbar bietet wieder eine Vorsilbe usw.

Da wird über-legt, ge-witzelt, ver-albert und womöglich sogar auch noch be-weint, und das alles in nur einem Spiel!

19 Silbensprünge

Zunächst einmal werden möglichst viele Vorsilben gesammelt, z. B. „ab-“, „an-“, „auf-“, „durch-“, „ent-“, „hin-“, „über“, „unter-“, „weg-“, „ver-“, „zwischen-“ …

Jede Vorsilbe wird gut sichtbar mit dickem Filzstift auf ein Kärtchen geschrieben; das Kärtchen selbst wird rückseitig mit Klebeband versehen. So viele Kinder, wie Vorsilbenkarten vorhanden sind, dürfen sich nun freiwillig melden und sich die Kärtchen an die Brust heften. Ein anderes Kind bekommt einen größeren Papierstreifen, auf dem sich ein Grundwort befindet, z. B. das Verb „kaufen“ oder auch ein geeignetes Adjektiv.

Sämtliche Mitspieler laufen nun so lange kreuz und quer im Klassenzimmer umher, bis ein Signal ertönt. Sofort postiert sich das Kind mit dem Grundwort (z. B. „kaufen“) rechts vor der Klasse. Vor ihm sammeln sich alle Vorsilben-Träger, die glauben, dass ihre Vorsilbe dazu passen könnte, also „ab-“, „an-“, „ver-“ usw.

Eine kurze gemeinsame Besprechung nach jeder Spielrunde bringt die richtigen Lösungen ans Licht. Die Kärtchen sind allzeit einsatzbereit und dienen für viele weitere Auflockerungen im Deutschunterricht.

20 *Ups-lich*

Während der Freiarbeit (oder als Hausaufgabe) sucht jedes Kind nach einem „ups-lichen" Satz mit Lücke. Dabei handelt es sich um einen Satz, bei welchem von einem Wort nur die Nachsilbe angeboten wird.

Beispiele:

- Heute ist wirklich ups-liches (z. B. herrliches) Wetter!
- Ich fürchte die Ups-heit (z. B. Dunkelheit) am meisten!
- Ist dieses Durcheinander nicht ups-bar (z. B. furchtbar)?
- Schau nur, die Ups-chen (z. B. Kätzchen) sind goldig!
- …

Die rätselhaften Sätze können entweder in Gruppenarbeit auf Folie geschrieben werden oder aber an der Tafel angeboten werden.
Alle raten: Wie könnten die Wörter ergänzt werden?
Dabei sollte auch genau auf die Wortart geachtet werden (Nomen oder Adjektiv?).

21 *Wortfamilien*

Vor der Klasse sitzt ein Kind als „Familienvater" oder „Familienmutter" und hält ein Plakat mit einem Begriff hoch, z. B. „Baum". Die Klasse hat nun ein paar Minuten Zeit, sich weitere zur Wortfamilie „Baum" gehörende Begriffe auszudenken. Jeder, dem etwas einfällt, darf aufstehen und zur Familie „Baum" nach vorne kommen. Dabei wird zunächst nicht gesprochen. Erst wenn niemand mehr eine Idee hat, stellt sich der Familienvater oder die Familienmutter noch einmal vor und alle Mitglieder geben der Reihe nach ihre „Identität" bekannt.

Beispiel:

Familienvater/Familienmutter: „Ich möchte euch gerne meine Familie ,Baum' vorstellen."
1. Kind: „Ich bin der Baumstamm."
2. Kind:„Ich heiße Apfelbaum."

22 *Stammbaummobile*

In Gruppenarbeit werden Stammbaummobiles gebastelt. Als Aufhängung dient ein Zweig oder ein Bügel, auf welchem ein Papierstreifen klebt, der die Wortfamilie (z. B. „kaufen") näher bestimmt.

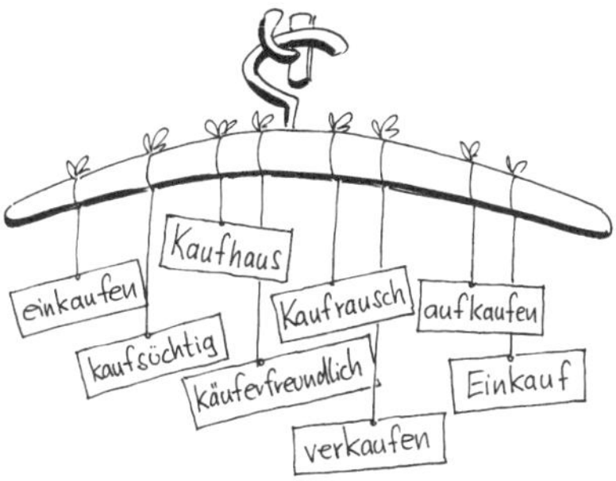

Zunächst sammelt jede Gruppe zu ihrer speziellen Wortfamilie gehörende Wörter. Jedes Wort wird auf zwei Klebeetiketten notiert. Diese werden Rücken an Rücken zusammengeklebt; dazwischen wird der Wollfaden befestigt. Wer mag, gibt dem Stammbaum eine gewisse Ordnung: An den kürzesten Fäden hängen beispielsweise die gefundenen Nomen, an den nächstlängeren Fäden sind die Verben zu finden und an den allerlängsten Fäden kann man die zur Wortfamilie gehörenden Adjektive ablesen. (Alternativ können auch farbige Etiketten verwendet werden.) Die Gemeinschaftswerke werden natürlich im Klassenzimmer aufgehängt. Der dekorative Effekt wird noch erhöht, wenn es zu jeder Wortfamilie ein kleines passendes Bild gibt.

23 *Wortfeldrallye*

Für dieses Glücksspiel wählt die Lehrerin mindestens vier „ergiebige" Wortfelder aus (siehe S. 32) und schreibt je ein Wortfeld auf einen vorbereiteten Plakatstreifen. Diese vier Plakatstreifen werden vor dem Unterricht – möglichst von den Schülern unbemerkt – an vier verschiedenen Stellen im Klassenzimmer befestigt.

Noch größeren Spaß bereitet das Spiel, wenn die Unterrichtsstunde im Freien abgehalten wird. In diesem Fall werden die Papierstreifen an verschiedenen Bäumen oder Büschen befestigt.

Zu Unterrichtsbeginn darf jedes Kind auf einem Blockblatt zehn beliebige Verben sammeln. Dann dürfen die Kinder loslaufen und sich auf die Suche nach den Wortfeldplakaten machen. Wer eines der Plakate entdeckt hat, überfliegt rasch seine eigene Liste. Ist ein für dieses Wortfeld geeignetes Verb darunter? Wenn ja, darf das Kind bei diesem Wortfeldplakat stehen bleiben und sich für jeden passenden Begriff einen Punkt gutschreiben.
Sollte sich auf der eigenen Liste jedoch nicht ein einziger geeigneter Begriff befinden, so macht sich dieser Schüler auf die Suche nach einem anderen Wortfeldplakat und versucht dort sein Glück.

Die Spielrunde ist zu Ende, wenn alle Kinder sich einem der Wortfelder „zugeordnet" haben.

Die Kinder, deren Wörter zu keinem der vorgegebenen Wortfelder passen, können sich zu einer fünften Gruppe zusammenschließen und nach einem übergeordneten Wortfeld suchen. Zur Entschädigung werden diese „Übriggebliebenen" dazu auserkoren, sich neue Wortfelder für die nächste Spielrunde auszudenken.

Beispiele für Wortfelder:

- **Wortfeld „sprechen":** reden, sagen, flüstern, schimpfen, warnen, bitten, rufen, brüllen, antworten, meinen, betteln, mitteilen, bemerken, erklären, danken, klagen ...
- **Wortfeld „gehen":** laufen, rennen, eilen, flitzen, rasen, stürmen, bummeln, spazieren, wandern, schlendern, schleichen, schlurfen, springen, hüpfen, trampeln ...
- **Wortfeld „sehen":** schauen, blicken, betrachten, blinzeln, erkennen, gucken, glotzen, starren, entdecken, mustern, wahrnehmen, besichtigen ...
- **Wortfeld „hören":** lauschen, vernehmen, aufschnappen, die Ohren spitzen, zuhören, verstehen, horchen ...

24 Blicksport

Alle Kinder haben das Lesebuch oder die Klassenlektüre vor sich liegen. Die Lehrerin nennt eine bestimmte Stelle, z. B.: „Seite 25, Satz 3!"

Wer den gesuchten Satz zuerst findet, erhält 10 Punkte. Dazu muss jedoch eine Zusatzaufgabe richtig gelöst werden, sonst reduziert sich die Punktzahl um die Hälfte.

Beispiele:

- Wandle um in einen Fragesatz (Erzählsatz, Ausrufesatz).
- Suche alle Nomen (Verben, Adjektive ...) im Satz.
- Ersetze das Verb durch ein anderes Wort, ohne den Sinn des Satzes stark zu verändern.
- Setze den Satz in die Vergangenheitsform (die Gegenwart, die Zukunft).

25 *Ping-Pong-Sätze*

Ausrangierte Tischtennisbälle eignen sich vorzüglich zum spielerischen Üben der Satzarten! Dazu werden drei Bälle mit kleinen Symbolen beschriftet: ein „?" für den Fragesatz, für den Ausruf oder den nachdrücklichen Befehl ein „!" sowie einen „." für den Erzählsatz. Zur Beschriftung eignet sich ein Bleistift oder ein dünner Permanent-Marker. Die Lehrerin wirft nun einen oder auch mehrere Bälle gleichzeitig in die Klasse. Gar nicht so leicht, das Minigeschoss zu fangen! Wem es gelingt, der darf sich allein schon für seine Fangkünste einen Punkt gutschreiben. Anschließend sucht er den Ball nach dem Symbol ab, zeigt seinem Banknachbarn das Zeichen und überlegt sich dazu einen entsprechenden Satz. Er trägt ihn laut vor; der Nachbar bestimmt, ob das Problem richtig gelöst wurde. Bevor ein zweiter Siegerpunkt an den Fänger geht, kann die Klasse noch einmal gemeinsam das Symbol und den gefundenen Satz überprüfen.

26 Hugo hat schon einen

Wen oder was Hugo da bereits hat, weiß natürlich noch kein Mensch. Es wird aber rasch klar werden, wenn sich jedes Kind schnell einen Fragesatz überlegt, der dieser Antwort vorausgegangen sein könnte.

Beispiel:

Frage: „Möchte dein Bruder auch noch einen Apfel?"
Antwort: „Nein, Hugo hat schon einen."

Solche „Hugo-Rätsel" können natürlich auch in umgekehrter Reihenfolge durchgeführt werden. In diesem Fall überlegt sich das Kind eine allgemein formulierte Frage, z. B.: „Was ist bloß mit all den Dingern passiert?" Darauf sollen sich die Mitschüler eine schlagfertige Antwort überlegen. So werden Frage- und Antwortsätze spielerisch geübt und auch der Spaß kommt nicht zu kurz.

Variante:

Erzählsätze und Ausrufesätze können mit folgendem Spiel geübt werden: Ein Kind bietet der Klasse einen beliebigen Satz, z. B.: „Auf dem Bauernhof gab es ganz viele junge Kälbchen." Ein Kind, das schnell die Satzart erkannt hat, fügt einen weiteren inhaltlich passenden Erzählsatz hinzu, z. B.: „Die laufen alle auf der Weide herum."
Wirft hingegen jemand einen Ausruf ins Publikum, so muss mit einem weiteren Ausrufesatz geantwortet werden.

27 *Wutball*

Die Kinder erhalten einen Stoffball (oder einen großen zusammengeknüllten Papierball) und werfen ihn sich kreuz und quer durch die Klasse zu, ohne dabei zu sprechen. Wenn der Ball vor einem Kind zu Boden fällt, dann darf dieses seinem Ärger in vornehmer Weise Ausdruck verleihen – in Form von gepflegten Ausrufesätzen. Kraftausdrücke wie „Sch…" sind dabei natürlich nicht erwünscht!

Beispiele:

- „Verflixt noch eins, gleich hab ich dich!"
- „Ei der Daus, der Ball ist weg!"
- „Ja sapperlot, wo ist er denn!"
- „Quark und Banane!"

28 *Hopplahopp-Sätze*

Das folgende Bewegungsspiel eignet sich auch vorzüglich für die Turnhalle oder den Schulhof.

Mindestens vier große Blankowortkarten werden laminiert. Zu Beginn des Spiels darf sich eine kleine Gruppe von Kindern aus dem Klassenzimmer schleichen und gemeinsam einen Satz aushecken. Die einzelnen Wörter dieses Satzes werden mit einem wasserlöslichen breiten Folienstift auf die Wortkarten geschrieben. (Dabei kann auch jeweils ein Satzglied auf einer Karte stehen.) Der Schatz wird gut gehütet, damit die Spannung steigt, wenn die Träger der Wortkarten wie Rumpelstilzchen im Kreis hüpfen und nur ab und zu blitzschnell ihre Wortkarte sichtbar nach oben halten. Dabei achten die Hüpfenden darauf, dass die Wörter bzw. Satzglieder in ihrer Reihenfolge so unlogisch wie möglich hintereinander herhopsen! Um welchen Satz es sich wohl handeln mag?

Beispiel:

- | kleine | spielt | Die | Wollknäuel. | mit | Katze | einem |
- Auflösung: Die kleine Katze spielt mit einem Wollknäuel.

Variante:

Wenn das Spiel mit Satzgliedern gespielt wird, kann die Aufgabe lauten, alle möglichen Satzstellungen zu finden.

29 Platz im Satz

Es werden so viele Kinder ausgewählt, wie Satzglieder zum gegenwärtigen Zeitpunkt bekannt sind (z. B. Subjekt, Prädikat, Objekt). Diese Kinder tragen Plakatstreifen umgehängt oder haben breite Klebebandstreifen aufgeklebt, die mit je einem Satzglied beschriftet werden.

Auf ein Startsignal hin sausen die Kinder durcheinander. Ertönt das Signal ein zweites Mal, ordnen sich die „personifizierten Satzglieder" beliebig zu einer „Satzkette". Der Rest der Klasse sucht in Partner-, Einzel- oder Gruppenarbeit rasch nach einem entsprechenden Satz, der die gleiche Reihenfolge von Satzgliedern aufweist. Schon ertönt ein neues Signal und die Satzglieder hüpfen wieder umher.
Um noch mehr Bewegung in die Sache zu bringen, tauscht die Lehrerin hier und da auch einmal ein Satzglied aus oder entfernt es für die Dauer einer Spielrunde komplett oder schickt noch eine zusätzliche adverbiale Bestimmung des Ortes (z. B. dort, in der Schule …) mit ins Rennen.

30 *Prädikatzahlen*

Jedes Kind legt sich Zettel und Stift zurecht. Die Lehrerin liest einen ausgewählten Satz zweimal hintereinander vor. Dabei achten die Kinder ganz genau auf die Anzahl der Wörter und besonders darauf, an wievielter Stelle sich das Verb (und damit das Prädikat des Satzes) befindet. Diese Stelle wird als Ziffer auf dem Zettel notiert.
Schwierig wird es, wenn es sich um ein zusammengesetztes Prädikat handelt.

Beispiel:

Frau Wiedemann kauft im Supermarkt ein.
(3, 6)

Die Ziffern werden für die einzelnen Sätze so untereinander notiert, dass in einer anschließenden gemeinsamen Kontrolle jedes Kind die richtigen Lösungen abhaken kann.

31 Quatsch mit Falten

Benötigt wird ein Papierstreifen oder ein Blockblatt im Querformat. Eine Tafelanschrift gibt die jeweilige Reihenfolge der Satzglieder vor.

Beispiel:

1. Subjekt („Wer oder was?")
2. Prädikat („Was tut jemand?")
3. Objekt („Wen oder was?" bzw. „Wem?")

Gemäß dieser Vorgabe schreibt das erste Kind auf seinen Zettel ein beliebiges Subjekt. Der Streifen wird umgeknickt und an das nächste Kind weitergereicht, das nun den „Quatsch mit Falten" um ein Prädikat erweitert. Dann knickt es wiederum das Blatt und reicht es an ein drittes Kind weiter, das den Satz mit einem Objekt vervollständigt, z. B.: „Oskar liest Fußball."

Variante:

Richtig knifflig wird es, wenn die Tafelanschrift z. B. folgende Reihenfolge von Satzgliedern vorgibt:
1. Objekt
2. Prädikat (1. Teil)
3. Subjekt
4. Prädikat (2. Teil)

Tomaten kauft die Mutter ein.

32 Abc-Sprünge

Das Abc hat 26 Buchstaben. So viele Teppichfliesen sind nötig für dieses Spiel. Einzelne Fliesen (Reststücke) bekommt man manchmal im Teppichhandel geschenkt. In einigen Schulen gibt es auch welche in der Turnhalle.

Auf jede Fliesenoberseite (Teppichseite) wird mit Klebeband ein Buchstabe geklebt. Vor dem Spiel verteilt die Lehrerin die Fliesen auf dem Boden (Gummibeschichtung nach unten!) und legt sie beliebig aneinander.
Nun kann es losgehen: Nachdem die jüngeren Kinder zunächst das Abc in der richtigen Reihenfolge nachgehüpft haben, können anschließend kurze und längere Wörter „erhüpft" werden! Jedes Kind bekommt ein Wort vorgegeben, das nun flott und möglichst orthografisch richtig gesprungen werden soll. Dabei sollen so wenig „Zwischenhüpfer" wie möglich gemacht werden. Ganz werden sie sich aber nicht vermeiden lassen, wenn manche Buchstaben zu weit entfernt voneinander liegen. Die Schüler, die gerade nicht an der Reihe sind, stehen bei ihren Plätzen und hüpfen ebenfalls rhythmisch auf beiden Beinen.

Tipp:

Das Besorgen der Teppichfliesen lohnt sich auf jeden Fall, da sie auch wunderbar für jeden Sitzkreis verwendet werden können.

33 *Buchstabenmathematik*

Bei diesem Spiel wird das Abc durch Zahlen verschlüsselt.

A = 1	J = 10	S = 19
B = 2	K = 11	T = 20
C = 3	L = 12	U = 21
D = 4	M = 13	V = 22
E = 5	N = 14	W = 23
F = 6	O = 15	X = 24
G = 7	P = 16	Y = 25
H = 8	Q = 17	Z = 26
I = 9	R = 18	

Die Umlaute können durch eine Kombination der Zahlen dargestellt werden, also „Ä" = „1/5", oder mit eigenen Zahlen benannt werden.
Nun werden von der Lehrerin oder einem Mitschüler „Rechenaufgaben" vorgegeben und schriftlich an der Tafel fixiert. Ob eine Abc-Schautafel oder Ähnliches zu Hilfe genommen werden darf oder nicht, hängt vom Könnensstand der jeweiligen Klasse ab. Auf jeden Fall ist es nun an den Kindern, das Wort zu „berechnen". Welcher Lösungsbegriff wird dabei herauskommen bzw. um welche Wortart handelt es sich?

Beispiel:

16 + 1 + 21 + 19 + 5 = ? („Pause"; Wortart: Nomen)

34 *Vokalsprache*

Jeder überlegt sich eine sinnvolle oder sinnlose Frage zu einem vorgegebenen Thema (z. B. „Sommer") und schreibt diese Frage sauber auf einen Zettel. Mit Farbe wird ein Vokal nach Wahl angegeben, z. B. „u". Dieser Zettel wird mit dem des Nachbarn getauscht und darf gelesen werden.
Nun kommen die Kinder in den Stuhlkreis. Ein Kind darf anfangen. Es stellt sich vor den nächstbesten Mitschüler und lauscht dessen Botschaft. Dieser muss jetzt nämlich den Fragesatz vom Zettel ablesen und gleichzeitig in die verlangte Vokalsprache „übersetzen". Der Hörer konzentriert sich und versucht, sich innerhalb einer Minute eine Antwort in derselben Sprache einfallen zu lassen. Ist es ihm gelungen, so kommt er gleich noch einmal dran, ansonsten geht es der Reihe nach weiter.

Beispiel:

Lusu, kummst du mut uns Schwummbud?
(Lisa, kommst du mit ins Schwimmbad?)
Ju, uber uch fundu dun Bukunu nucht!
(Ja, aber ich finde den Bikini nicht!)

35 Ritas Rollmops

Mit gleichen Anlauten lässt es sich wunderbar spielen. Dazu dürfen die Kinder selbst Quatschsprüche mit vielen gleichen Anfangsbuchstaben erfinden.

Beispiele:

- Dort draußen dunkelt's, drinnen dudelt der Dinosaurier Dudelsack.
- Zwerg Zacharias von Zwickau zwirbelt zwanghaft Zwirn.
- Sapperlot, was sabbert Samson samstags so viel Suppe?
- Gereizt grunzt der Geiger Gregor grässliche grasgrüne Gänse an.

Dabei dürfen sich die Kinder selbst für einen Buchstaben entscheiden (oder aber man lässt in einem Partnerspiel den Sitznachbarn mittels „Abc-Stopp" den zu bearbeitenden Buchstaben ermitteln).
Besonders interessant wird es, wenn die Lehrerin für eine ganze Gruppe oder eine Klassenhälfte einen Buchstaben verbindlich vorgibt. Beim vergleichenden Vortragen der poetischen oder prosaischen Ergebnisse lohnt sich sogar der Einsatz eines Kassettenrekorders bzw. MP3-Players.

36 Witze aus der Zipfelmütze

In einer Zipfelmütze versteckt die Lehrerin mehrere Zettel mit ausgewählten Begriffen. Es sollte dabei nur eine Wortart verwendet werden, am besten diejenige, welche gerade Thema im Sprachunterricht ist. Dann werden Gruppen gebildet. Ein Kind zieht das erste „Los" und ermittelt so den ersten Begriff. Sofort machen sich alle Gruppen ans Werk, den witzigsten Satz mit diesem Wort zu erfinden.

Nach kurzer Zeit findet die meistens sehr lustige Zipfelmützenlesung statt. Jede Gruppe trägt ihren Satz vor und genießt den Applaus. Die Sieger mit dem witzigsten Ergebnis dürfen sich nun neue Begriffe für die nächste Spielrunde ausdenken.

37 *Teekessel*

Bei diesem altbekannten Spiel geht es um unterschiedliche Bedeutungen ein und desselben Wortes. Zwei Kinder verlassen das Klassenzimmer, um vor der Tür nach einem gemeinsamen Wort zu suchen, welches zwei Bedeutungen haben kann.

Beispiel:

Kind 1: „Mein Teekessel wächst an Bäumen und man kann ihn essen."
Kind 2: „Mein Teekessel leuchtet oft von der Decke herunter und macht das Zimmer hell."
Logisch, hier kann nur die (Glüh)birne gemeint sein!

Tipp:

Teekessel gibt es wie Sand am Meer. Bei der Suche braucht man nur etwas Zeit und eventuell ein Wörterbuch. Als Partnerhausaufgabe ist die Teekesselsuche besonders beliebt.

38 *Freizeiträtsel*

In zehnminütiger Gruppenarbeit dürfen die Kinder Hobbys sammeln, z.B.: Flöte spielen, Reiten, Filzen, Lesen, Basketball spielen usw.
Hat sich jede Gruppe für einen Bereich entschieden, so sollen dafür passende geheimnisvolle Werbeslogans oder Vereinsnamen gefunden werden. Die Sprüche dürfen aber nicht zu viel verraten!
Dann werden die Ergebnisse vorgetragen und die anderen Gruppen rätseln, welche Freizeitbeschäftigung gemeint ist.

Beispiel:

„Mit den Stollenschuhen und dem Ball werden wir dieses Jahr Meister!" (Fußballverein)

39 Logische Buchstabengeschichten

Per „Abc-Stopp“ wird in drei Durchgängen jeweils ein Buchstabe ermittelt, beispielsweise die Buchstaben H, L, S. An die Tafel notiert, dienen sie der Klasse als Gedächtnisstütze, denn die Aufgabe ist auch so schon anstrengend genug!

„Wer findet einen logischen Satz, der aus drei Wörtern besteht, die mit diesen Buchstaben beginnen?“

Auch die Reihenfolge der Buchstaben muss eingehalten werden! Der Satz darf auch mehr Wörter enthalten, wenn sie ebenfalls mit den vorgegebenen Buchstaben beginnen, wobei jedoch auch hier die Reihenfolge eingehalten werden muss.

Beispiele:

- Hasi lutscht Salatblätter.
- Herta Heinemann liest leidenschaftlich Siebenstein.
- Hasso leckt lieber langsam süße Sachen.
- …

Wer mag, hält die Ergebnisse auf einem kleinen Plakat fest. Die Buchstaben H, L, S dienen als Überschrift; darunter dürfen die von den Kindern kreierten Sätze aufgeklebt werden.

40 *Vorsicht, Falle!*

Per „Abc-Stopp" (vorwärts oder rückwärts) wird ein Buchstabe ermittelt. Das Kind, welches das Abc aufgesagt hatte, darf zusätzlich eine Zahl von eins bis zehn mithilfe der Finger angeben. Diese – von der übrigen Klasse hoffentlich richtig abgelesene – Zahl bestimmt, wie viele Wörter eines logischen Satzes mit diesem gewählten Buchstaben beginnen müssen, etwa „R" und „4".

Beispiele:

- Rudi reimt rastlos Rätselsprüche.
- Rita ruft Reiner raus.
- Riesige Rollläden rattern runter.
- …

Variante:

Verflixt schwierig wird es, wenn außer dem Buchstaben und der Zahl auch noch ein spezifischer schulischer Fachbereich oder ein Rahmenthema vorgegeben wird, zu welchem der Satz passen muss.

41 *Der kleine Unterschied*

Die Lehrerin bietet verbal eine erste Wortsilbe oder ein paar Anfangsbuchstaben eines gedachten Wortes, z. B.: „No…" Die Kinder wissen nicht, ob das Wort groß- oder kleingeschrieben wird! Die Klasse hat ein paar Minuten Zeit, um möglichst viele Wörter – klein- oder großgeschrieben – zu sammeln und in zwei Spalten zu ordnen.

Beispiel:

No …	no …
Norden Norbert Note Nockerlgrieß …	normal nostalgisch notieren …

Dann werden die Ergebnisse verlesen. Erstaunlich, welche Wortschöpfungen da entstehen können. Jedes Kind hat andere Ideen. Die Wörter können auch alle – natürlich rechtschriftlich korrekt – an der Tafel notiert werden.

Wenn das von der Lehrerin zu Beginn gedachte Wort noch immer nicht dabei ist? Dann geht es weiter! Wer es errät, darf den nächsten Wortanfang auswählen.

42 Schlangensatz mit Handicap

Das Abc hat 26 Buchstaben. Sind in ihrer Klasse mehr als 26 Schülerinnen und Schüler? Kein Problem, denn dann werden Umlaute, Sch, Au, Eu etc. noch mit einbezogen. Dem ersten Kind in der ersten Reihe wird ein großer Zettel und ein Stift in die Hand gedrückt. Es darf nun ein Wort vorgeben, das mit dem ersten Buchstaben des Alphabets, also mit A/a, beginnt. Sein Nachbar hat dann die Aufgabe, den angefangenen Schlangensatz halbwegs sinnvoll mit einem B/b-Wort weiterzubauen usw. Welch verrückte Schlangengeschichte dabei wohl herauskommen mag? Auf jeden Fall muss der bereits vorhandene Wortschatz kreativ angewendet und zugleich erweitert werden, bis zu jedem Buchstaben des Alphabets ein passendes Wort gefunden ist.

Variante:

Bei den jüngeren Schülern reicht es auch, wenn zu jedem Buchstaben ein Wort gefunden wird, eventuell zu einem Thema (Schule, Tiere ...), ohne dass vollständige Sätze entstehen müssen.

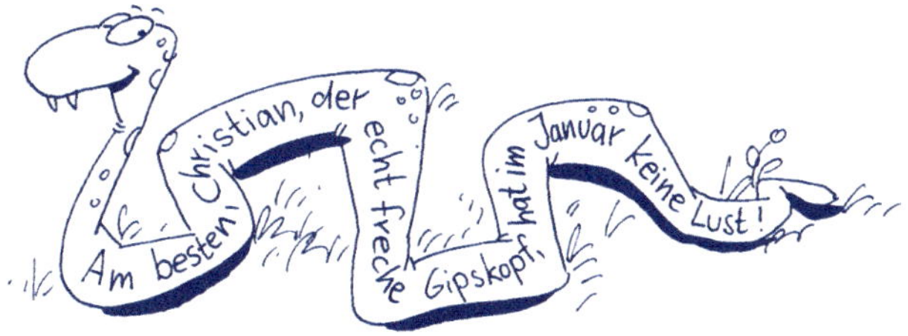

43 *Gefüllte Kalbsbrust*

Bei diesem altbewährten Buchstabenkombinierspiel wird ein längeres Wort vorgegeben. Dieses schreibt man in Druckbuchstaben einmal von oben nach unten und in etwas Entfernung daneben noch einmal von unten nach oben, z. B. das Wort „Pausenbrot". Die Lücken sollen nun in kürzester Zeit mit Buchstaben gefüllt werden, sodass sinnvolle Wörter entstehen, wenn man die Buchstaben von links nach rechts liest.

Beispiel:

P	i r a	**T**	
A	u t	**O**	
U	n t i e	**R**	
S	i e	**B**	
E	i s e	**N**	
N	a s	**E**	
B	o s	**S**	
R	e b u a l r	**U**	←
O	m	**A**	
T	n e i t a	**P**	←

Tipp:

Sollte die Kalbsbrust in einer Zeile einmal nicht von links nach rechts gefüllt werden können, versucht man es von rechts nach links. Die Leserichtung sollte dann aber mit einem Pfeil gekennzeichnet werden.

44 *Kreuzworträtsel, selbst gemacht*

Die Lehrerin bietet am Overheadprojektor ein Karogitter an, in welches die Kinder Wörter beliebig platzieren dürfen.
Schwierig wird es, sobald die Kästchen für frei stehende Wörter nicht mehr ausreichen, sodass sich Wörter kreuzen müssen. Immer wenn ein Kind ein geeignetes Wort findet, das es in das Gitter einpassen kann, darf es dies tun. Ziel des Spiels ist es, so viele Kästchen wie möglich zu füllen.

Beispiel:

A	D	L	E	R	•		•
		U					L
		F			•		E
•	S	T	U	H	L	•	H
		P			A		R
		U			U		E
	•	M	U	T	T	E	R
		P			•		•
		E					

Tipp:

Es ist übersichtlicher, wenn die Kästchen vor und hinter den Wörtern mit einem farbigen Punkt ausgefüllt werden.

45 *Dreisilbig*

Dieses Spiel eignet sich sowohl für zwei Banknachbarn als auch für Gruppen oder die ganze Klasse.

Gefragt sind dreisilbige Nomen! Besonders relevant sind dabei deren letzte Buchstaben. Mit dem Abschlussbuchstaben eines entsprechenden Wortes soll nämlich das nächste dreisilbige Wort beginnen.

Beispiel:

„Wet-ter-frosc**h**
Him-beer-saf**t**
Ta-schen-dieb …"

Tipp:

Lassen Sie die Kinder ihre Wörter auf Folie notieren, sodass sie anschließend der Klasse vorgestellt werden können. Zuvor sollten Sie die Kinder noch einmal daran erinnern, dass alle Nomen großgeschrieben werden müssen!

46 Beruferaten

Je zwei Kinder bereiten als Hausaufgabe ein kurzes Gespräch vor, in dem typische Themen einer bestimmten Berufsgruppe diskutiert werden. Beim „Insider-Vokabular" dürfen die Kinder ihrer Fantasie freien Lauf lassen.

Beispiel:

- „Hallo, Rudi! Heute habe ich viele abschleppen lassen! Wie lief's bei dir?"
- „Hallo, Tina! Mittags war Ruhe. Ich habe nur zwölf Knöllchen unter die Wischblätter geklemmt."

Die Klasse rät, um welche Berufsgruppe es sich da wohl handeln könnte. (Verkehrsüberwachung)

47 Wie bitte?

Aus dem Stichwortregister des Dudens, eines Fremdwörterlexikons oder aus einem anspruchsvollen Fachbuch wird ein höchst interessant klingendes Wort ausgewählt und der Klasse per Tafelanschrift angeboten.
In Einzel- oder Partnerarbeit sollen nun Wortbedeutungen erahnt, erspürt, erraten oder frei erfunden werden. Die Kinder notieren ihre Definitionen des Begriffs. Die Erklärungen werden vorgelesen und verglichen. Sicher gibt es dabei jede Menge zu lachen. Wer kommt der tatsächlichen Wortbedeutung am nächsten?

Variante:

Eine Gruppe wird mit dem Fremdwörterlexikon ausgerüstet. Daraus wählt sich jeder ein besonders intelligent klingendes Fremdwort aus und notiert es auf einem Zettel.
Die gefundenen Wörter werden anschließend laut vor der Klasse verlesen. (Falls die Schüler Hilfe bei der Aussprache benötigen, können sie sich natürlich zuvor an die Lehrerin wenden.)
Wer die Wortbedeutung richtig errät oder zufällig weiß, erhält 10 Punkte. Wer mit seinem Tipp der tatsächlichen Wortbedeutung am nächsten liegt, darf sich jeweils einen Punkt gutschreiben. Für das richtige Raten der Wortart (Nomen, Verb, Adjektiv) kann auch ein Zusatzpunkt vergeben werden. Die Auflösung erfolgt nach dem Raten, das Ergebnis wird an der Tafel fixiert.

Beispiele:

- Souflaki = gegrillter Fleischspieß in der griechischen Küche
- echauffieren = aufregen
- frustiert = jemand ist enttäuscht, weil er etwas anderes erwartet hat

Tipp:

Bei manchen Wörtern hört man geradezu, was sie bedeuten. Die Kinder können sie auch während des Sprechens gestisch unterstreichen!

48 *Was Hänschen nicht lernt …*

… hat sein Papa bestimmt auch nicht gewusst!

Schon dürfte klar sein, worauf es bei diesem pfiffigen Spiel ankommt. Der Beginn einer bekannten oder auch neu erfundenen Redewendung soll um eine zweite witzige Hälfte ergänzt werden.

Beispiele:

- Wer Bohnen in den Ohren hat, wohnt auf dem Lande.
- Der frühe Vogel hat nicht ausgeschlafen.
- Wer andern eine Grube gräbt, darf die Schaufel nicht vergessen.

49 *Wörter-Puzzles*

Alle Kinder dürfen sich jeweils einen Begriff aus dem Rechtschreibwortschatz wählen und dazu während der Freiarbeit ein schönes Bild malen. Das Bild wird auf Karton aufgeklebt und zu Puzzleteilen zerschnipselt. Anschließend wird das entsprechende Nomen, Verb oder Adjektiv, das auf dem gemalten Bild dargestellt wurde, in Druckbuchstaben auf einen anderen Karton geschrieben und ebenfalls zerschnipselt. Beide Puzzles wandern in ein stabiles Briefkuvert. Bei Spielbeginn – während einer Deutschstunde oder einfach auch nur zwischendurch – bekommt jede Gruppe einen solchen Brief.
Welcher Gruppe gelingt es zuerst, das Bild und das Wort komplett zusammenzufügen?

Wenn wirklich jedes Kind ein solches Spiel vorbereitet hat, reicht das Repertoire eine ganze Weile, ohne langweilig zu werden.

Tipp:

Wenn die Bild- und Wort-Puzzles vor dem Zerschneiden laminiert werden, sind sie länger haltbar und können in späteren Klassen wiederverwendet werden.

50 *Pantomime*

Hier geht es um schauspielerische Leistungen. Es sollen jedoch nicht Berufe oder Tiere erraten werden, sondern Adjektive.

Jedes Kind überlegt sich ein Adjektiv, von dem es glaubt, es gut darstellen zu können. Der Reihe nach dürfen die Schüler ihr pantomimisches Talent nun vor der Klasse unter Beweis stellen. Die Mitschüler raten und notieren alle vorkommenden Adjektive in eine Tabelle ins Deutschheft. So entsteht eine Wortsammlung, die auch zum Verfassen von Texten oder für Rechtschreibübungen verwendet werden kann.

Variante:

Es können auch andere Wortarten (z. B. Verben oder zusammengesetzte Nomen) dargestellt werden.

51 *Bingo-Reime*

Lehrerin: „Ich kenne da ein Reimwort zu (beispielsweise) ‚fest'." Zwei Sprecher je einer Klassenhälfte melden sich und dürfen nun auf die beiden Tafelrückwände ihren Fundus an Reimwörtern zu „fest" niederschreiben. Die übrige Klasse sucht ebenfalls in Gruppen- oder Partnerarbeit nach Reimwörtern zu dem genannten Begriff.
Leise huschen die Gruppensprecher beider Klassenhälften einzeln und hintereinander zu ihrem Vertreter, um ihm ihre Ergänzungen zuzuflüstern. Fällt keinem mehr etwas ein, werden die Tafeln nach vorne geklappt.

Die Lehrerin macht es spannend, streicht abwechselnd links und rechts je ein Wort aus, das nicht ihrem gefundenen Reimwort entspricht. Na, so was! Das Reimwort ist noch immer nicht dabei? Jetzt heißt es Nerven bewahren: Welche Klassenhälfte landet den Treffer und kann sich somit einen Bingo-Punkt gutschreiben?

fest	fest
Fest	~~Rest~~
~~Test~~	Pest
Nest	

52 *Dingsda*

Die Lehrerin drückt einem Kind einen Zettel in die Hand, auf welchem ein geheimer Begriff steht. Dieses Kind versucht nun, den Begriff zu umschreiben, ohne das Wort zu verwenden. Ob es sich dabei um ein groß- bzw. kleingeschriebenes Wort handelt, darf es gleich zu Beginn sagen.

Alle Kinder spitzen ihre Ohren! Welche Klassenhälfte errät den Begriff schneller? Für die richtige Lösung und die korrekte Benennung der Wortart gibt es einen Punkt.

53 *Buchstabeneintopf*

Jede Gruppe (drei bis fünf Kinder) erhält einen Papierstreifen. Darauf schreibt jeder einen Buchstaben. Um die Spannung zu erhöhen, wird der Zettel immer nach einem Buchstaben umgeknickt. Auf ein Signal hin suchen die Gruppen gemeinsam ein Wort, in dem alle auf dem Zettel vorgegebenen Buchstaben mindestens einmal auftauchen müssen. Selbstverständlich darf dabei ein Wörterbuch zu Hilfe genommen werden.

Achtung: Mindestens zwei der Mitglieder jeder Gruppe sollten sich bei der Buchstabenauswahl für einen Vokal entscheiden.

Beispiel:

- Buchstaben: a, t, e, g, r
- Wort: Theatergruppe

Varianten:

- Erschwerend kann eine bestimmte Wortart vorgegeben werden. Die Buchstaben müssen dann in einem Wort aus dieser Wortart untergebracht werden.
- Je nach Größe der Gruppen sollten durchaus auch kreative Wortneuschöpfungen zugelassen werden.

54 Wörterjagd

In einem Korb liegen viele zusammengefaltete Zettel mit je einem Buchstaben darauf. Jeder Schüler greift hinein und zieht sich damit den Anfangsbuchstaben, zu welchem er nun schriftlich mindestens drei Wörter finden muss: ein Nomen, ein Verb und ein Adjektiv. „Sonstige Wörter" sind nicht gefragt. Pro richtiges Wort gibt es 3 Punkte, maximal also 9 Punkte. Wer sogar mehr Wörter gefunden hat, darf sich einen 10. Zusatzpunkt notieren.

Sind die Kinder mit dem Spiel vertraut, dann erhalten sie vor dem Ziehen der Lose ein allgemein verbindliches Rahmenthema, wozu die Suchwörter im weitesten Sinne passen sollten.

Beispiel:

- Buchstabe: N/n
- Thema: Garten
- Wörter: Nelke, nageln, nützlich

Variante:

10 Zusatzpunkte bekommt derjenige, der aus allen drei Wörtern einen halbwegs sinnvollen Satz basteln kann.

55 *Satzfix*

An die Tafel werden Kästchen für sämtliche Buchstaben eines Satzes angeschrieben.

Beispiel:

□□□□□ □□□□□□□ □□□ □□□□□.

(H e u t e s c h e i n t d i e S o n n e.)

Jede Gruppe darf einen Buchstaben nennen. Ist dieser Buchstabe im Satz enthalten, so wird er in die entsprechenden Kästchen eingetragen. Es wird so oft in dieser Weise verfahren, bis der Satz geraten werden kann.

Wer zuerst auf die richtige Lösung kommt, darf einen neuen Kästchensatz vorgeben.

56 *Kopftraining mit Schuss*

Eine Seite der Zeitung vom Vortag wird zu einem Ball geknüllt, den die Kinder kreuz und quer durch die Klasse werfen. Dabei gibt der Werfer einen Buchstaben vor. Derjenige, der die Kugel fängt, muss ein Wort mit demselben Anfangsbuchstaben finden, z. B. A: Apfel, abbeißen, aufessen ...

Varianten:

- Nach einigen Ballwechseln ist das Prinzip klar und das Spiel wird etwas schwieriger: Zusätzlich zum Buchstaben gibt der Absender eine bestimmte Wortart vor.
- Und damit es nicht langweilig wird, wartet die Lehrerin mit einer dritten Steigerung auf. Nun müssen Buchstabe, Wortart und Rahmenthema beachtet werden.

57 *Ich sehe was, was du nicht hörst*

Jeder konzipiert für seinen Banknachbarn ein kurzes Beschreibungsrätsel. Das Besondere daran: Das Rätsel beschreibt immer das Gegenteil, d. h. die Beschreibungen müssen sowohl vom Verfasser als auch vom Ratenden immer zuerst im Kopf ins Gegenteil „übersetzt" werden, um zur Lösung zu gelangen.

Beispiele:

Es ist eckig,	(rund)
groß,	(klein)
weich	(hart)
und hat keinen Wert.	(hat Wert)
Was ist das?	ein Geldstück

Sie wächst im Norden,	(Süden)
enthält keine Vitamine,	(enthält Vitamine)
ihre Farbe ist stumpf,	(leuchtend)
man muss sie nicht schälen.	(man muss sie schälen)
Was ist das?	eine Orange

58 *Detektiv „Eins Null“*

Die Bezeichnung „Eins Null“ hat mit den zehn Fragen zu tun, welche die drei Detektive zur Verfügung haben, um durch geschicktes Kombinieren und mit gnadenlosen Verhören ein gesuchtes Wort aufzuspüren.

Drei Kinder verlassen als Detektive das Klassenzimmer, während sich die anderen beispielsweise ein bestimmtes Verb, ein Adjektiv oder ein Nomen aus dem Rechtschreibwortschatz überlegen.
Wieder in die Klasse zurückgekehrt, beginnen die Detektive mit ihrer Arbeit, indem sie zuerst die Wortart erfragen. Ihre Fragen dürfen immer nur mit einem klaren „Ja“ oder „Nein“ beantwortet werden.
Wessen Frage mit „Ja“ beantwortet werden konnte, hat eine weitere Chance zu fragen. Ansonsten gibt er die Frage weiter an Detektiv „Nummer Zwei“.

Dabei wird die Konzentrationsfähigkeit der drei Schlaumeier gehörig auf die Probe gestellt; denn neben der Informationsaufnahme muss immer auch der Überblick über die Anzahl der bereits gestellten Fragen bewahrt werden. Ab der insgesamt zehnten Frage ist das Spiel nämlich vorbei.
Bei Nichtlösung des Rätsels wird dann das Geheimwort verraten und drei neue Detektive dürfen in die nächste Runde gehen.

59 Politische Rätsel

Was zeichnet politische Reden aus? Häufig der Umstand, dass kaum einer der Zuhörer begreift, was mit dem Gesagten eigentlich gemeint ist! Wer über eine solchermaßen verwirrend „vornehme" Ausdrucksweise verfügt oder sie üben möchte, der liegt bei diesem Spiel genau richtig.
Es geht um Tätigkeiten, die erraten werden sollen. Zur Einführung des Spiels bietet die Lehrerin ein Beispiel an: Graf Heino von Verben bemüht sich außerordentlich, den Wuchs des enorm gediehenen Kinngestrüppes einzudämmen. Was also treibt hier der werte Graf?

Folgende drei Antworten stehen zur Wahl:
- Mäht er den Rasen?
- Rasiert er sich den Bart?
- Oder übt er sich im Fällen von Bäumen?

Ist das Spielprinzip bekannt, darf sich jeden Tag ein anderes Kind ein solches Rätsel ausdenken.

Variante:

Die Spannung kann noch erhöht werden, wenn sich die richtige Lösung gemeinerweise gar nicht unter den Antwortmöglichkeiten befindet.

60 *Königszwinkern*

Ein Kind sitzt vor der Klasse und zwinkert jeweils einem Mitschüler zu. Dieser ist daraufhin verzaubert und damit von königlichem Geblüt. Das kann man an der Wahl seiner Worte erkennen, mit welchen er in einem gestelzten Satz berichtet, was eine seiner Beschäftigungen des Vortages gewesen sei.

Beispiele:

- „Gegen 17.00 Uhr kam ich der Verrichtung meiner Schularbeiten nach."
- „Dienstags pflege ich immer ein Vollbad zu nehmen, welches nach Fichtennadeln duftet."

61 Rücken an Rücken

Jeweils beide Banknachbarn schauen sich ganz tief in die Augen, auf das Haar, auf die Kleidung usw. und prägen sich so viele Einzelheiten des Gegenübers wie möglich ein. Denn anschließend stellen sich die zwei Kinder Rücken an Rücken vor der Klasse auf und werden genauestens von ihren Mitschülern befragt.

Beispiele:

- Welche Frisur trägt X heute?
- Welche Augenfarbe hat deine Nachbarin?
- Kannst du die Kleidung beschreiben?
- Hat der Pulli Knöpfe?
- Trägt dein Nachbar heute Socken? Welche Farbe und welches Muster haben sie?
- Beschreibe die Hausschuhe.
- Hat deine Nachbarin Schmuck an?
- Wie sehen die Ohrringe aus?

Für eine richtige Antwort gibt es einen Punkt. Jede Antwort muss aus einem Satz bestehen. Erstaunlich, was man alles wahrnehmen kann, wenn man einmal genau hinschaut!

62 *Wort im Bild*

Hierzu legt sich die Lehrerin eine Auswahl von Kunstpostkarten zu. Die Bildmotive sollten inhaltlich klar strukturiert und farblich deutlich erkennbar sein.

Zum Spielbeginn wählt sich ein Kind eine Karte, die ihm gefällt, aus und hält sie verdeckt. Es sitzt frontal zu den Mitschülern, die mit Malpapier, Filzstiften bzw. Pinsel und Wasserfarbe gerüstet auf die genaue Beschreibung des Bildes warten. Im Anschluss darf gemalt werden.

Das Spannende bei diesem Spiel ist eigentlich die letzte Phase der vergleichenden Kunstbetrachtung. Sind nämlich alle fertig mit der Arbeit, wird das „Original" auf die Mitte der Innentafel geheftet und außen herum die Werke der Klasse.

Nun geht es darum:
- Worin unterscheiden sich die Bilder?
- Was hätte anders beschrieben werden müssen, damit das Motiv dem der Kunstpostkarte ähnelt?
- Was wurde offensichtlich sehr genau beobachtet und treffend wiedergegeben?

63 Dalli Dalli

Noch ein Spiel, das die Wahrnehmung fördert!

Auf das Kommando „Dalli, Dalli!“ ist die erste Gruppe an der Reihe, abwechselnd (im Uhrzeigersinn) so schnell wie möglich folgende Frage zu beantworten: „Was steht alles im Klassenzimmer?“ Jeder Spieler deutet dabei mit dem Finger auf den gemeinten Gegenstand.

Die übrigen Klassenmitglieder überprüfen die Antworten auf ihre Richtigkeit und notieren die korrekten Aussagen auf einer Liste. Bei jüngeren Schülern schreibt die Lehrerin die Antworten auf.

Weitere Fragen für die anderen Gruppen wären z. B.:
- Was hängt alles im Klassenzimmer?
- Welche Dinge sind rot (grün, gelb, blau ...)?
- Welche Dinge haben einen besonderen Geruch?
- Was liegt im Klassenzimmer (auf dem Boden, dem Freiarbeitsregal ...)?
- ...

64 *Klassentalk*

Talkshows grassieren auf allen Fernsehsendern. Warum also nicht einen Klassentalk ins Leben rufen? Dazu werden von den Schülern interessante Themen zusammengetragen. Ein Schüler ist der Diskussionsleiter: Er bestimmt, wie die Stühle stehen sollen, auf welchen die „geladenen Gäste" sitzen, in welcher Reihenfolge er Fragen stellen möchte, welche Fragen zum Thema passen, wer welche Meinung vertritt usw. Hierzu sollte er sich Notizen machen. Nach einigen Übungsdurchgängen darf die Klasse die Regie selbstständig übernehmen und eine zehnminütige „Talkeinlage" könnte Bestandteil eines jeden Schultages werden.

Beispiele:

- Pizza ist gesund.
- Ich bekomme zu wenig Taschengeld.
- Die Pause ist zu kurz.

65 *Spezialistenvorträge*

Diese kurzen Vorträge führt man am besten gleich zu Beginn eines Schuljahrs ein. Im Klassengespräch werden bevorzugte Themenkreise und allgemeine Interessen der Kinder zusammengetragen und auf einer Liste notiert.
Zu Hause, während der Freiarbeit oder innerhalb des Unterrichts stellen die Kinder zu einem Thema nach Wahl mithilfe von Büchern (z. B. Lexika, Bildbände) einen „Spezialistenvortrag" zusammen. Besonders motivierend ist es für die Schüler, wenn sie Stichpunkte ihres Referats (bzw. Zeichnungen oder Bilder) auf Folie kopieren und per Overheadprojektor an die Wand werfen dürfen. Der professionelle Zeigestab sollte dabei natürlich keinesfalls fehlen.
Den Referenten erkennt jeder auf Anhieb an einem Aufkleber auf der Brust mit „Professor Zweistein" oder etwas Ähnlichem.
Benötigt einer der Professoren dringend eine ganz wichtige Kopie auf Folie, so darf er sich einen Tag vor seiner Rede bei der Lehrerin melden.
Die Klasse wartet jeden Morgen gespannt, wer heute über welches Thema zu berichten weiß. Für die Vorträge sollte vorher ein Zeitlimit vereinbart werden: 5-10 Minuten reichen normalerweise.

Tipp:

Die kompletten Notizen werden mit Namen versehen, in Klarsichthüllen gesteckt und in einem Ordner gesammelt.

66 Zeitungsreporter

Beim Reporterspiel dürfen sich jeden Montag jeweils fünf Kinder melden. Jedes Kind wird für einen anderen Wochentag eingetragen.

Die Aufgabe besteht darin, einen (für das Kind besonders interessanten) Bericht aus der Tageszeitung, den Radionachrichten oder einer Illustrierten kurz zusammenzufassen und im Morgenkreis möglichst ohne schriftliche Vorlage vorzutragen. Es kann sich durchaus auch nur um den Wetterbericht handeln.
Den Reporter des Tages erkennt man bereits frühmorgens an einem Aufkleber auf dem Pullover.

67 Flaschenwörter

Die Schüler sitzen im Kreis. Ein Kind dreht in der Mitte auf dem Boden eine Flasche und nennt dabei ein beliebiges Nomen mit dazu passendem Artikel. Das Kind, auf welches der Flaschenhals zeigt, muss ein dazu passendes Adjektiv finden und mit dem Nomen zusammensetzen. Dann dreht dieses Kind die Flasche, nennt ein neues Nomen und so fort. Die gefundenen Wortverbindungen können von einem Gruppenmitglied notiert und anschließend der Klasse vorgestellt werden.

Beispiele:

- der Professor – der kluge Professor
- das Rennauto – das blitzschnelle Rennauto

68 Wörter versenken

Dieses Spiel funktioniert nach demselben Prinzip wie das bekannte „Schiffe versenken".
Jeder Schüler zeichnet auf kariertes Papier ein Koordinatensystem von 1–20.

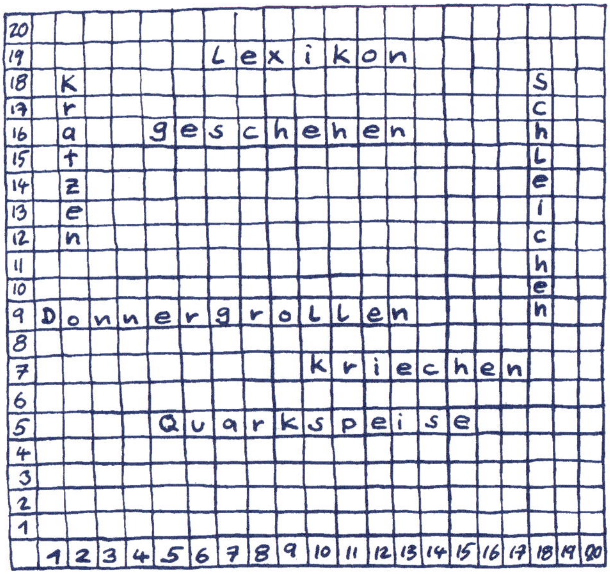

In die Kästchen werden jetzt von einem Schüler senkrecht oder waagerecht sieben oder mehr „Sternchenwörter" versteckt. Sternchenwörter sind Ausdrücke, die beim Verfassen von Texten eben ein Sternchen verdienen: schwierige zusammengesetzte Nomen, anschauliche Adjektive, treffende Verben usw.

Der zweite Spieler hat ein ebensolches, jedoch leeres Koordinatensystem vor sich und beginnt nun die einzelnen Koordinaten abzufragen, z. B. 2/5.
Hat sein Banknachbar auf 2/5 einen Buchstaben, so wird er laut genannt und eingetragen.
Hat er nichts auf 2/5, so macht der Frager auf seinem leeren Papierkästchen ein Kreuzchen, um den Überblick zu behalten.

Sieger ist, wer zuerst alle Wörter des Mitspielers versenkt hat. Auf diese Art kann die Rechtschreibung geübt und der Wortschatz spielerisch um die Sternchenwörter des Spielepartners erweitert werden.

69 Bildhafte Verben

Mit Kreide werden Kreissegmente auf den Pausenhof gezeichnet und mit folgenden Adjektiven beschriftet:

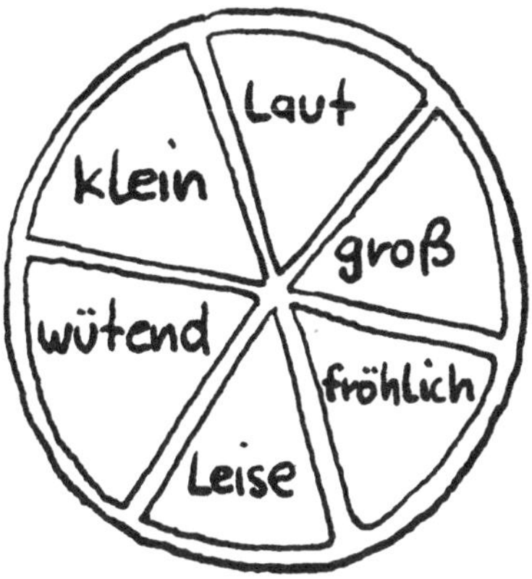

Eine Gruppe Kinder sitzt in etwa zwei Metern Entfernung vor der Zeichnung. Jedes Kind hält zwei Kieselsteine parat. Das erste wirft die beiden Steinchen ab. Eines davon landet sicherlich in einem der Segmente, beispielsweise auf „leise". Nun muss der Werfer sich ein Verb überlegen, das zu einer ganz geringen Lautstärke passt, z. B. „flüstern, rascheln, schleichen".

Haben beide Steinchen ein Segment getroffen, darf man sich für ein Feld entscheiden. Für jedes geeignete Verb gibt es einen Punkt.

70 Wörterversteck

Zu Beginn dieses Minutenspiels darf sich ein Kind ein beliebiges kurzes Wort ausdenken und es an die Tafel schreiben, z. B. „Strumpf".

Sofort machen sich alle an die Arbeit, zu den Buchstaben dieses Wortes neue Wörter zu finden und aus diesen einen halbwegs sinnvollen Satz zu basteln. Dabei ist die Groß- und Kleinschreibung der Buchstaben im Ausgangswort für den Satz nicht verbindlich!

Für jedes gefundene Wort gibt es einen Punkt, ein kompletter Satz wird mit einem Zusatzpunkt bedacht.

Beispiel:

- S = Sicher
- t = tragen
- r = Rita
- u = und
- m = Martin
- p = Papier
- f = fort
- Satz: Sicher tragen Rita und Martin Papier fort. (8 Punkte)

71 Linke Ausdrücke

Die Lehrerin gibt einen Buchstaben vor, z. B. „h". Nun soll jeder Schüler eine vorher vereinbarte Zeit lang nach anschaulichen Adjektiven suchen, die mit „h" beginnen. Die Ausbeute wird schriftlich festgehalten. Die Gruppe entscheidet sich dann für ein Adjektiv, das besonders beeindruckend klingt.

Jetzt darf ein Gruppenmitglied an die Tafel treten und den gewählten Ausdruck mit der linken Hand (bzw. Linkshänder mit der rechten Hand), schön langsam, Buchstabe für Buchstabe groß anschreiben. Die Klasse rät.
Wer glaubt, das richtige Wort gefunden zu haben, ruft es laut aus und darf sich so viele Punkte gutschreiben, wie noch Buchstaben fehlen.

Beispiel:

- haarsträubend
- haarsträu.... (4 Punkte für 4 fehlende Buchstaben)

72 *Überraschungsporträt*

Jedes Kind überlegt sich als Hausaufgabe das Aussehen einer lustigen oder schauerlichen oder wie auch immer gestalteten Fantasiefigur bzw. deren Gesicht. Die Kinder dürfen dazu auch eine Karikatur zeichnen und einige Sätze mit vielen beschreibenden Adjektiven notieren. Am nächsten Tag darf ein Kind seine Beschreibung vorlesen, wobei es das Bild aber zunächst im Verborgenen hält. Die Lehrerin notiert die vorkommenden Adjektive an der Tafel. Rasch macht sich die übrige Klasse an die Arbeit und versucht, die Figur zu zeichnen. Wie mag er wohl aussehen, der Unhold mit den großen blauen Augen, der spitzen Nase mit Muttermal und dem auffälligen Grübchen am Kinn? Oder handelt es sich dabei womöglich gar um eine Prinzessin? Die urkomischen Ergebnisse werden genauestens untersucht, nach der richtigen Umsetzung der Adjektive überprüft und zuletzt mit dem Original des Urhebers verglichen.

73 Scrabble mit Bauklötzen

In einer großen Sammelaktion werden übrige Holzbausteine aus der Kleinkinderzeit gesucht. Besonders geeignet sind würfelförmige und kurze quaderförmige Bausteine. Auf die Seitenflächen der Klötze werden nun Papierstreifen geklebt, auf welche jeweils ein Wort aus dem Rechtschreibwortschatz oder dem erweiterten Wortschatz geschrieben wird.
Auf jedem Würfel muss jeweils mindestens ein Nomen, ein Adjektiv, ein Verb und ein sonstiges Wort vertreten sein.

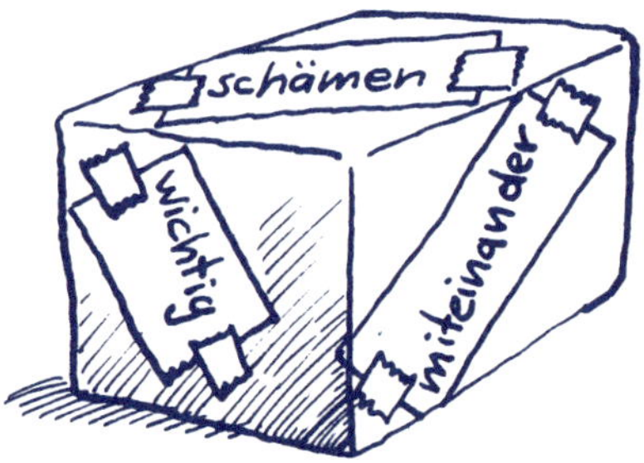

Möchte eine Kindergruppe Wörter-Scrabble spielen, so darf sie sich wahllos drei Klötze entnehmen und alle auf einmal auf den Tisch würfeln. Die Wörter, die nun oben zu liegen kommen, sind Bestandteil eines Satzes, den sich die Kinder jetzt ausdenken sollen, entweder jedes für sich oder einen gemeinsam in der Gruppe.
Fallen drei gleiche Wortarten, so darf nochmals gewürfelt werden. Wer sich's zutraut, kann natürlich auch mehr als drei Klötze verwenden.

74 *Sätzeschnipsen*

Bei diesem Partnerspiel ist Mutters Knöpfesammlung gefragt. Die nach Möglichkeit eher flacheren Knöpfe werden in drei gleich große Gruppen geteilt und ihre Rückseite mit beschrifteten Klebeetiketten versehen (z. B. „N" für Nomen, „V" für Verben und „A" für Adjektive).

Dann wird die „Munition" umgedreht und ordentlich durchgemischt. Mit einem größeren flachen Knopf werden die Knöpfe hinein in eine leere Käseschachtel oder ein anderes niedriges Behältnis geschnipst, bis ein Signal ertönt. Jetzt tauschen beide Partner ihre Käseschachteln mit der Ausbeute und sortieren sie nach Wortarten. Anschließend müssen die Knöpfe schriftlich in entsprechende Wörter „umgewandelt" werden. Wer am meisten Wörter in Sätze eingebaut hat, ist Sieger.

Beispiel:

- 1 Nomen, 1 Verb, 3 Adjektive
- Satz: Das kleine (A) Kätzchen (N) springt (V) schnell (A), aber ein bisschen ängstlich (A), herunter.

Tipp:

Je mehr „Knopf-Wörter" pro Satz, desto besser! Wenn's aber gar nicht klappt, darf auch zu jedem Knopf ein neuer unabhängiger Satz gesucht werden.

75 *Wörter-Boccia*

Auf einen großen Karton werden z. B. 40 Wörter in Kästchen geschrieben und mit selbstklebender Klarsichtfolie überzogen. Dieser Karton liegt auf dem Fußboden in der Kreismitte. Ein Kind hält drei Kieselsteinchen, Papierkügelchen ... in der Hand und wirft dieselben auf den Karton. Die Wurfgeschosse landen jeweils auf einem Wort, etwa bei „Mütze", „glühen" und „Gummi". Der „Werfer" erlöst sich, indem er alle drei Zielwörter in möglichst nur einem Satz unterbringt, wie etwa: „Mein Gesicht **glüht**, wenn ich die **Mütze** mit dem engen **Gummi** trage."
Nun ist der Nächste mit dem Werfen an der Reihe.

Variante:

Wer seine Wörter erwürfelt hat, geht zu seinem Platz zurück und entwickelt dort in aller Ruhe seinen Satz.

76 Sponti-Sätze

Die Lehrerin gibt der jeweiligen Gruppe, die an der Reihe ist, ein Wort oder ein Rahmenthema vor, z. B. „Garten".

Das erste Kind steht auf und beginnt mit einem Satzanfang nach Wahl („Ich"), sein Nachbar erhebt sich und setzt ein zweites Wort hinzu („pflücke"). Das dritte Kind ergänzt vielleicht mit „eine", das vierte Gruppenmitglied beschließt den Satz mit „Sonnenblume". Der vollständige Satz heißt also: „Ich pflücke eine Sonnenblume."

Damit der Satz einen Sinn ergibt, muss jeder natürlich die vorher gesagten Wörter im Kopf behalten. Abschließend notieren sich die Teilnehmer den Gemeinschaftssatz mit Datum auf ein Spieleblatt.

Variante:

Ist das Spiel allen vertraut, kann der Satz in einem zweiten Durchgang erweitert werden. Er enthält nun also doppelt so viele Wörter, wie Mitglieder in der Gruppe sind, z. B.: Ich pflücke eine Sonnenblume und schenke sie Mama.

77 Spiegelmotto

Auf ein Blatt Papier wird das Motto zum Tage, ein Glückwunsch, eine aktuelle Nachricht oder ein Reim geschrieben. Dabei drückt der „Autor“ fest auf und verwendet Druckschrift. Das Papier wird umgedreht und dem Nachbarn gereicht. Hat dieser die Spiegelschrift richtig entziffert, so darf er nun seinerseits eine Botschaft ersinnen und spiegelbildlich verfremden.

78 *Pausenhof-Graffiti*

Jedes Kind bringt von zu Hause eine vollständig entleerte, ausrangierte Reinigerflasche (z. B. Spülmittel oder Fensterputzmittel) mit.

Die Schüler werden in Gruppen eingeteilt. Jeder überlegt sich ein „Landschaftsmerkmal" der unmittelbaren Umgebung, z. B. „Apfelbaum", „Strauch mit roten Blättern", „Pausenbank" usw.
Ein Schüler beginnt und darf sein Rätsel mit Wasser auf den Pausenhof schreiben. Die anderen Gruppenmitglieder beeilen sich, die Wasserschrift zu entziffern und die Landschaft abzusuchen. Dann soll die Fundstelle mit Worten genau beschrieben werden. Wer recht hatte, darf ein neues Merkmal auf den Pausenhof spritzen.

79 *Frag mich verkehrt!*

Bei diesem Spiel soll eine logische Frage erdacht werden, die der genannten Antwort vorausgegangen sein könnte.

Jeder Schüler schreibt irgendeinen x-beliebigen Antwortsatz auf den Block und hält ihn bedeckt. Hat jeder einen hübschen Satz gefunden, beginnt das Spiel!

Beispiel:

Jasmin ruft Florian auf. Ihr Antwortsatz lautet: „Natürlich, das war gar nicht so leicht." Nun muss Florian eine passende Frage formulieren, wie etwa: „Hat die Bastelarbeit länger gedauert?" oder „Du hast dich wohl ganz schön anstrengen müssen?" usw. Dann darf Florian seinen Antwortsatz an einen Mitschüler richten.

Variante:

Das Spiel kann auch schriftlich durchgeführt werden, wobei die Partner jeweils die Fragen und Antworten mit korrekter wörtlicher Rede notieren und anschließend auf Folie der Klasse präsentieren.

80 Du liebe Güte ...

Bei diesem Spiel geht es um den Bau sinnvoller Sätze. Die Überschrift „Du liebe Güte, ..." wird auf einem großen Plakat präsentiert. Ein Kind liest sie vor und hält dann seinen Stift hoch zum Zeichen des Spielbeginns.

Nun sind die Mitschüler gefragt! Alle sollen sich eine Fortsetzung dieses Satzes ausdenken und auf einem Blockblatt schriftlich festhalten. Anschließend wird ausgewertet, z. B.:

- Ist der Inhalt sinnvoll?
- Passen Satzanfang und zweiter Satzteil zueinander?
- Welcher Satz ist lustig, welcher traurig, welcher dramatisch?

Im Anschluss an die Besprechung dürfen die für korrekt befundenen Sätze ausgeschnitten und untereinander auf das Plakat geklebt werden.

Mit der Zeit kann die Schwierigkeit auch gesteigert werden. Bis zu vier (oder mehr) Satzanfänge können gleichzeitig präsentiert und ergänzt werden. Eine Aufgabe, die äußerst spannend sein kann!

Beispiele:

- **Du liebe Güte,** was hast du für eine scheußliche Hose!
- **Unglaublich,** diese Fliege trägt orangefarbenen Nagellack!

81 *Eine lachhafte Rechengeschichte*

Während einer Deutschstunde gibt die Lehrerin zweierlei Begriffe vor, aus welchen eine lustige Rechengeschichte zusammengebastelt werden soll.

Beispiel:

- Begriffe: 7 Rennschweine, Trüffel
- Geschichte: In Südtirol wurden wieder einmal 7 rasante Rennschweine in den Wäldern ausgesetzt, um nach Trüffeln zu schnüffeln. Leider rannten die niedlichen Tierchen so schnell, dass sie jeden 3. Trüffel übersahen. Wie viele Trüffel findet ein Schwein, wenn sich auf seiner Rennstrecke insgesamt 102 Trüffel befinden?

Der Schwerpunkt dieses Kreativspiels liegt auf dem freien Konstruieren einer realen oder einer Lügengeschichte, die witzig und anschaulich verfasst werden soll.
Die Rechnung selbst hat untergeordneten Stellenwert, ist aber von Bedeutung für die Strukturierung dieses kurzen „Aufsatzes".

Tipp:

Besonders eindrucksvoll ist der Vergleich der Geschichten. Erstaunlich, wie viele Varianten für die gleichen zwei Begriffe gefunden werden!

82 *Puppenstreit*

Zum Anlass für dieses kleine Puppentheater wird eine – erst kürzlich passierte – Wortkeilerei vor dem Unterricht, eine Reiberei in der Pause oder ein handfester Krach während der Sportstunde genommen. Den Verlauf des Streits, seine Ursache und die gegnerischen Argumente schreibt sich jedes Kind noch in der Schule stichpunktartig auf ein Blockblatt.
Zu Hause soll nun ein kleines „Drehbuch" verfasst werden, welches diesen Streitfall noch einmal aufgreift. Toll wäre es, wenn sich hierfür je zwei Kinder zusammentun. Dabei dürfen die „Drehbuchautoren" das Wortgefecht durch Gefühle erweitern, die beim anschließenden Spiel zum Ausdruck gebracht werden sollen. Abschließend bieten sie den Streithähnen Lösungsvorschläge an; das allgemeine Ziel wäre eine gütliche Einigung. Wenn der Text steht, dürfen für die Zeigefinger der beiden Spielepartner „Kopfbedeckungen", Bemalung und Fantasienamen ausgetüftelt werden.

„Grütz"

„Pelle"

Am nächsten Schultag werden die Finger „maskiert" und das Spiel beginnt. Dabei kann vom Drehbuch abgelesen werden.

83 Unsinnsgeschichten

An der Tafel ist eine Sammlung von möglichen Satzanfängen vorgegeben. Nun wählt sich jedes Kind einen davon aus und bildet „im Geheimen" einen tollen Satz. Der Inhalt ist gänzlich beliebig. Es kann sich um Sätze handeln, die über die Geschmacksrichtung des heutigen Pausenbrots Auskunft geben, was der Zahnarzt mit dem abgebrochenen Schneidezahn gemacht hat, auf welchen Namen das Meerschweinchen hört usw. Die Sätze werden dann säuberlich zu Papier gebracht.
Im Anschluss werden die Ergebnisse in Gruppenarbeit zusammengetragen und die lustigste Reihenfolge bestimmt. Es darf auch nach einer witzigen Überschrift gesucht werden! Abschließend darf ein Kind die gemeinsame Unsinnsgeschichte der Gruppe zum Besten geben.

Beispiel:

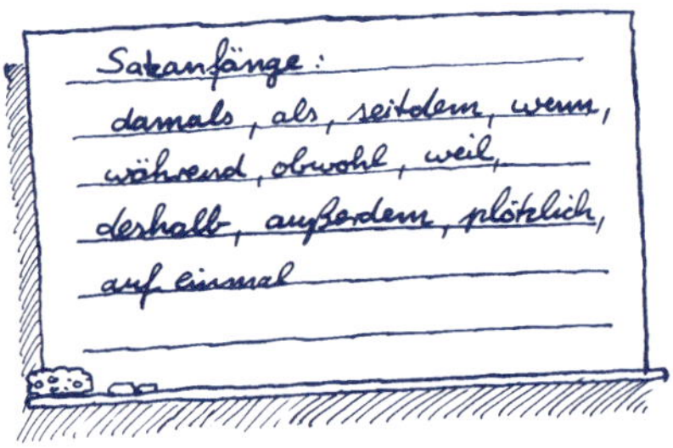

Als unser Bello den Hühnerknochen verschluckte, bekam er schreckliche Bauchschmerzen. Plötzlich ging im ganzen Haus das Licht aus, es wurde zappenduster. Seit ich den neuen Füller bekommen habe, mache ich noch mehr Fehler als früher. Auf einmal kam der Postbote angefahren und brachte eine Riesenüberraschung.

84 Kreative Namenssprache

Hier sind die Vor- oder Nachnamen der Schüler gefragt. Die Mitglieder eines Gruppentisches haben z. B. folgende Namen: Lisa Meier, Thomas Achter, Max Rümmele, Anne Specht.
In Gruppenarbeit wird nun eine logische Geschichte ersonnen, wobei die Nachnamen in kreative Wortschöpfungen umgewandelt werden sollen.

Beispiel:

Gestern verbrachten wir den Nachmittag auf der Spielstraße. Als wir gerade Regeln für einen Fahrradparcours aufstellten, **meierte** plötzlich Lisa mit ihrem alten Roller um die Ecke. Sie wollte auch mitspielen. Thomas malte mit dem Finger **Achter** auf die Straße und überlegte. Das könnte gehen! Max soll ihm sein Fahrrad leihen. Er **rümmelte** sowieso faul auf seiner Decke. Und Anne **spechtete** schon lange darauf, dass ihre Freundin in den Freundeskreis aufgenommen wird. Warum also nicht? Die Hindernisfahrt konnte beginnen!

85 Memoiren

Gefragt sind Fotos aus dem Familienfotoalbum. Mindestens drei Bilder sollten es sein, die zum selben Thema passen und eine Entwicklung oder Veränderung dokumentieren, z. B. ein Schüler auf seinem Geburtstagsfest (als Baby, als Kleinkind, als Schulkind) oder Bilder vom Haustier (Hund als Welpe, als Jungtier und ausgewachsen) oder drei verschiedene Fotos von einer Schülerin am Sandstrand Italiens …
So entsteht eine selbst gemachte Bildergeschichte, zu der die Kinder einen direkten Bezug haben. Alle Kinder machen sich sicher motiviert an den Erstentwurf ihres Textes.

Tipp:

Wer gar keine eigenen Fotos auftreiben kann, kann Zeitschriften zu Hilfe nehmen. Oder die Lehrerin hat zuvor Bilder von wichtigen Ereignissen (Schulanfang, Wandertag, Exkursion …) des vorangegangenen Schuljahrs gemacht.

86 *Tischgespräche*

Bereits am ersten Klassenelternabend weist die Lehrerin auf dieses Schreibspiel hin und sucht unter den Eltern nach bereitwilligen Mitwirkenden.
Zum Üben der wörtlichen Rede dürfen Schüler als Spezialhausaufgabe ein Familienessen mit den dazugehörigen Gesprächen auf Kassette aufnehmen. Nachher werden die Dialoge vom Band abgehört und Ausschnitte davon auf Folie übertragen. Gemeinsam darf die Klasse lesenderweise am Mittagsmahl teilhaben und die richtigen Anführungszeichen an den entsprechenden Stellen setzen.

Tipp:

Falls manche Eltern nicht wissen, worüber man außer Vorhaltungen bezüglich der Tischmanieren noch reden kann: Es ist günstig, sich vorher auf ein Gesprächsthema (z. B. Urlaubsplanung) zu einigen.

87 *Abc-Stopp*

Hier geht es um das Erfinden einer Fantasiegeschichte. Dazu darf ein Schüler nach vorne kommen und leise das Alphabet durchdenken – und zwar so oft, wie es die Lehrerin vorher festgelegt hat. Jedes Mal darf ein anderer Schüler die Alphabetreihe mit „Stopp" unterbrechen. Der Schüler vorne schreibt den abgestoppten Buchstaben an die Tafel.
Hat sich die Lehrerin beispielsweise für sieben Buchstaben entschieden, muss das Alphabet genau siebenmal gedacht werden und je einmal abgestoppt werden. Angenommen man erhält so folgende Buchstaben: F, A, L, D, I, M, S.

Schon ist eine Identifikationsfigur (oder ein Gegenstand, ein Tier ...) namens „Faldims" ins Leben gerufen.
Zu diesem Namen erfinden die Kinder nun im Geiste eine bestimmte Figur und denken sich eine kurze Fantasiegeschichte aus.

Tipp:

Im Kunstunterricht darf der (die, das?) Faldims dann auf dem Malblock Gestalt annehmen.

88 *Gedanken eines Hundes*

Bei diesem Spaß wird tierisches Denkvermögen vorausgesetzt. Die Lehrerin schildert eine witzige Situation, in welcher ein Tier die Hauptrolle spielt.

Beispiel:

Was denkt der Hund im Biergarten, wenn ihm der Kellner mit dem Gartenschlauch den Schwanz gießt?

Jeder notiert dazu einen oder mehrere Sätze. Im Anschluss daran könnte die Szene gemalt und die elementaren Aussagen des Hundes in einer Denkblase verewigt werden.

Weitere mögliche Szenen sind:
- Was blubbert der Fisch, wenn Klein-Eddi das Aquarium mit Zitronenlimonade füllt?
- Was denkt ein Tausendfüßler über hohe Absätze bei Schuhen?
- Was denkt die Eule auf dem Baum, wenn der Nikolaus mit seinem Schlitten durch den Wald fährt?

Variante:

Jede Gruppe schreibt eine solche Frage auf und reicht sie der nächsten Gruppe weiter.

89 *Bonbon-Thema*

Jeder Schüler bekommt einen Zettel und beschriftet ihn mit einem beliebigen Begriff. Dabei kann die Wortart vorgegeben werden, z. B. „zusammengesetzte Nomen".

Beispiele:

„Schulfrust", „Pausenspiele", „Fußballturnier", „Haustiere" oder „Herbstwetter" ... Die Auswahl an Wörtern ist unerschöpflich.

Die Papierstücke werden gefaltet oder gerollt und in ein Körbchen auf dem Pult gelegt. Daneben befindet sich ein großes Bonbonglas. In beide Gefäße dürfen die Schüler je einmal hineinfassen.

Was hat nun das Bonbonglas mit dem Verfassen von Texten zu tun? Eigentlich gar nichts. Und deshalb macht das Spiel besonderen Spaß und jeder setzt sich gleich viel lieber an die Arbeit, wenn es beispielsweise heißt: Schreibe drei Sätze (oder mehr) über dein Bonbon-Thema „Schulfrust".

90 *Bitte sprechen Sie nach dem Pfeifton!*

Gesucht werden pfiffige, rätselhafte, unheimliche oder auch freundliche Texte für einen fiktiven Anrufbeantworter! Jeder überlegt für sich oder in der Gruppe einen entsprechenden Text, der anschließend vor der Klasse zum Besten gegeben werden darf.

Beispiel:

Hier spricht die städtische Christbaumverwaltung. Bitte lassen Sie sämtliche Naschereien an den Zweigen hängen und legen Sie Ihre Tanne gut sichtbar vor dem Haus ab. Hinterlassen Sie nun bitte Ihren Namen, Adresse und Telefonnummer, wir rufen gegen Ostern zurück. Sprechen Sie nach dem zweiten Jodler.

Tipp:

Besonders „professionell“ wäre natürlich der Einsatz eines Kassettenrekorders, von welchem pro Tag jeweils eine Ansage abgerufen werden kann. Womöglich hat der Sprecher sogar mit verstellter Stimme gearbeitet und soll nun von den Mitschülern entlarvt werden!

91 *Tüfteltext*

Für dieses Spiel nimmt die Lehrerin einfach die bereits gelesene Tageszeitung mit in die Schule. Jeweils zwei Partner erhalten eine Seite zum „Schmökern". Aufmerksam suchen die Schüler nach Wörtern, die sie für einen ausführlichen „Tüftelsatz" brauchen können. Es eignen sich besonders Fremdwörter oder lange Wortzusammensetzungen. Die Wörter werden ausgeschnitten, in die richtige Reihenfolge gebracht und auf ein Blockblatt geklebt.

Sieger ist diejenige Zweiergruppe mit dem längsten, dem qualitativ bemerkenswertesten, dem lustigsten … Satz. Das Beurteilungskriterium muss vorher bekannt gegeben worden sein!

92 *Einfach schlumpfig!*

Wer kennt sie nicht, die Bewohner Schlumpfhausens? Das ist doch dort, wo es „ausgesprochen schlumpfige Hütten", „farbenfrohe Schlumpfblumen" und „den oberschlumpfigen Gargamel" gibt, nicht wahr?

Als motivierende Hausaufgabe oder in Partnerarbeit dürfen die Schüler nun kurze Texte in genau dieser Sprache verfassen – und zwar auf Folie!

Da darf man gespannt sein, wenn das erste Paar seine Geschichte an die Wand wirft. Zuerst wird gelesen, geschlumpft und gelacht – aber dann geht's an die Arbeit! Sämtliche „fremdsprachlichen" Elemente müssen durch passende und anschauliche Ausdrücke ersetzt werden, sodass am Ende ein sinnvoller Klassentext verlesen und aufgeschrieben werden kann.

93 Modernes Märchen

Bei diesem Schreibspiel dürfen die Kinder bekannte Märchenfiguren, Kinderserienhelden oder Buchtitel so hochgestochen umschreiben, dass die Beschreibung zwar korrekt, aber nicht ganz eindeutig ist. Viel Spaß beim Raten!

Beispiel:

Die Hauptfigur ist ein schlanker, kleiner Mann. Er ist berufstätig und entwirft als Modeschöpfer neue Schnitte und Designs. Mit seinem Köpfchen ist er in der Lage, gefährliche Abenteuer zu bestehen. Darum steht auf seinem Gürtel, dass er ein sehr mutiger Mensch ist.
Wer ist das? (Das tapfere Schneiderlein)

94 Träume auf Wolke 7

„Wenn ich auf einer Traumwolke leben könnte, dann würde ich mir eine Schaukel wünschen. Eine riesengroße Himmelsschaukel, mit der ich über viele Länder hinweg durch die Luft schweben kann …"

So oder auch ganz anders könnte ein Wunschtraum beginnen.
Aufgeschrieben wird er am besten im Freien, an einem warmen Sommertag, wenn Schäfchenwolken am Himmel zu sehen sind. Jedes Kind darf sich, mit Block und Stift bewaffnet, ein Plätzchen auf der Wiese suchen, die Wolken beobachten und Luftschlösser bauen.
Dabei sollten alle wissen: Wer in einer Wolke lebt, kann im Geiste alle Träume wahr werden lassen! Es gibt keinen Wunsch, der nicht erfüllt werden kann …

Tipp:

Es müssen nicht unbedingt neue fantastische Träume ersonnen werden. Genauso gut eignen sich die ganz realen Wünsche der Kinder, z. B. ein Schwimmbadbesuch am Nachmittag oder dass sich die Eltern nicht mehr streiten.

95 Was die anderen nicht wissen

Betrachtet man die Dinge, die man von den anderen weiß, so sind dies meist Äußerlichkeiten. Wo der Mitschüler wohnt, was er für Kleidung trägt, welche Spielsachen er besitzt, was für Noten er schreibt usw. Wie es aber „innen drinnen" aussieht, weiß oft keiner. Was für Sorgen da einer mit sich herumschleppt, was ihn traurig macht, worüber er öfters Tränen vergießt, was der größte Wunsch und die schönste Freude wäre …

„Was die anderen nicht wissen" darf nun in Worte gefasst und niedergeschrieben werden. Allerdings anonym, das versteht sich von selbst. Jeder bekommt ein gleiches Papier ausgeteilt und verwendet Bleistift oder Füller, sodass an den Schreibgeräten nicht der Autor herausgefunden werden kann.

Dann werden die Seiten an die Tafel gepinnt und im Sitzkreis besprochen. Es macht schon nachdenklich, dass es so viele kleine und große Nöte gibt, die man seinen Mitschülern gar nicht ansieht. Vielleicht wäre künftig doch etwas mehr Rücksichtnahme angebracht – allgemein im Umgang mit den anderen?

96 Geschichten aus der Wundertüte

Jeweils ein Schülerpaar bekommt einen Überraschungssack ausgehändigt, in welchem sich vier beliebige Dinge befinden, z. B. eine Banane, ein Plätzchenförmchen, eine Legofigur und ein Spielzeugelefant.
Nach zehnminütiger Absprache dürfen die Kinder eine kurze Geschichte vortragen, in der diese vier Utensilien vorkommen müssen. Dabei hält ein Kind den entsprechenden Gegenstand hoch, während das andere Kind erzählt.

Variante:

Jeder Schüler bringt zwei Gegenstände mit und verstaut sie am nächsten Morgen mit zwei „Mitbringseln" des Partners in einer Tüte. Anschließend werden die Tüten eingesammelt und willkürlich an die Paare verteilt.

97 So ein Blödsinn!

Zu solchen „Witzfragen" fällt bestimmt jedem etwas ein!

Warum beispielsweise ist nun tatsächlich die Banane krumm? Weshalb hat ein Auto keine Füße? Warum fängt die Katze Mäuse?
Na logisch: Früher fingen Katzen noch junge Ferkel. Aber die Katzen entwickelten eine Allergie gegen die Farbe Rosa. Darum gehen sie jetzt lieber auf Mäusejagd.

Es geht also nicht darum, die richtige Antwort zu wissen. Vielmehr dürfen die Kinder nach fantasievollen Begründungen suchen, je dümmer, desto besser!

Variante:

Die Frage des Tages kann für alle an die Tafel notiert und als Hausaufgabe aufgegeben werden. Am nächsten Tag lesen die Schüler ihre Lösungen vor und die lustigste Antwort wird prämiert.

98 *Die Flunkerkiste*

Auf ein Blockblatt schreibt jedes Kind eine kurze, unglaubliche Begebenheit aus seinem Leben. Es darf gelogen werden, dass sich die Balken biegen. Die Handschrift muss jedoch leserlich sein. Ab mit der Flunkergeschichte in eine leere Schuhschachtel!

Nun darf ein Schüler alias Baron Münchhausen mit verbundenen Augen einen Zettel ziehen und den Text vortragen.
Wer wohl der Urheber dieser Lügenstory war? Es darf vermutet, gelacht und gewettet werden. Steht der Flunkerautor fest, so darf dieser den nächsten Zettel aus der Kiste holen.

Beispiel:

Als ich im Urlaub in Kanada war,
traf ich Winnetou höchstpersönlich.
Er flog in einem Heißluftballon an mir vorbei
und winkte mir zu.
Das war ein tolles Erlebnis!

99 *Was steht drin?*

Vor der Klasse sitzt ein Kind, das gerade eine „fiktive" Post erhalten hat. Zur Verdeutlichung dessen tut es so, als läse es (still) von einem Brief eine Nachricht ab. Dabei versucht der „Leser", körpersprachlich darzustellen, um welche Sorte von Nachricht es sich handelt. Wut, Trauer, Verzweiflung, Gelassenheit, Freude usw. müssen also ohne Worte ausgedrückt werden.

Die Mitschüler beobachten den Darsteller ganz genau und denken sich einen dazu passenden Brief aus.
Die Vorschläge werden schriftlich fixiert und dem Mimen übergeben. Er liest sie vor und gemeinsam entscheidet die Klasse darüber, ob Briefinhalt und Reaktion des Lesers zueinanderpassen.

100 *Unsinnsreportagen*

Es werden Gruppen gebildet. Jedes Kind erhält die Kopie des gleichen – inhaltlich nicht relevanten – Textauszugs aus einer Tageszeitung, Illustrierten oder Werbebroschüre.

Ein auserwähltes Kind aus jeder Gruppe hat nun kurz Zeit, um fünf x-beliebige Wörter mit rotem Filzstift einzukringeln. Die vorgegebene Zeit wird zuvor vereinbart und mit einer Stoppuhr abgemessen. Dabei spricht das Kind laut und gibt die Zeile an, sodass die übrigen Gruppenmitglieder die Auswahl der Wörter mithören und ebenfalls mit Farbe kennzeichnen können.

Anschließend ergeht der Auftrag an die gesamte Gruppe, aus diesen fünf gefundenen Wörtern eine wahrlich unsinnige und haarsträubende „5-Satz-Reportage" zu bauen.

101 *Maskerade*

Ein amüsantes Spiel, nicht nur für die Faschingszeit!
Jedes Kind bringt von zu Hause lustige Utensilien mit für die große Verkleidungskiste: Klamotten, Strickmützen, Babyschühchen (als Ohrgehänge?), eine Taucherbrille, Faschingsschminke, eine Angel ...
Hinter der aufgeklappten Seitentafel darf sich nun ein Kind so witzig wie möglich verkleiden. Wenn es dabei Hilfe braucht, darf es sich eine Freundin oder einen Freund dazuholen. Fertig maskiert tritt es vor die Klasse, erhält rauschenden Beifall und wird mit einem passenden Namen bedacht. **Tipp:** Digitalkamera nicht vergessen!
Nach drei Durchgängen stimmt das Publikum über die fantasievollste Maskerade ab. Jetzt wird es ernst. Denn nun soll jeder zu Schreibblock und Stift greifen, um dieses ausgesuchte Lebendkunstwerk so genau wie möglich zu beschreiben.

102 *Was ist das denn?*

Bei diesem Tastspiel sitzen alle Kinder im Stuhlkreis. Ein Kind hat einen Gegenstand mitgebracht; ein anderes Kind soll mit verbundenen Augen diese Überraschung erraten.

Der Überraschungsgegenstand wird hochgezeigt und wandert einmal durch die Hände der anwesenden Schüler. Zuletzt bekommt ihn das „blinde" Kind. Es muss nun raten, worum es sich handelt. Fühlt es auf Anhieb richtig, erhält es 5 Punkte.
Erkennt es den Gegenstand nicht, so hat es die Möglichkeit, bis zu fünf Adjektive zu nennen, die diesen Gegenstand beschreiben. Ob die Adjektive treffend formuliert wurden, entscheidet die übrige Klasse. Für jedes passende Wort darf es sich einen Punkt gutschreiben und kann auf diese Weise ebenfalls die volle Punktzahl erreichen.

Tipp:

Die Lehrerin legt eine „Tastliste" an, woraus ersichtlich wird, welche Kinder dran waren. Dazu wird die jeweils erreichte Punktzahl notiert.

103 *Werbe-Steckbrief*

Jedes Kind schneidet aus Illustrierten drei Köpfe aus, die ihm besonders gut gefallen. Zu jedem Kopf notiert es einen kurzen, aber treffenden Steckbrief.

ovales Gesicht, macht müden Eindruck, lockige Kurzhaarfrisur …

rundes Gesicht, große knubbelige Nase, Bürstenhaarschnitt …

mageres Gesicht, lustige Augen, spitzes Näschen, dünne, strähnige Haare …

Damit es die anderen beim Raten schwer haben, wird bei der Beschreibung zunächst auf allzu konkrete Aussagen (männlich, weiblich, Brillenträger …) verzichtet.

Nun hängen die drei Köpfe, auf Papier geklebt und mit einem großen Namenszug des Schülers versehen, vorne an der Tafel. Die Klasse sitzt im Stuhlkreis und lauscht aufmerksam einem der Steckbriefe. Welches Konterfei wird da beschrieben? Das erste Kind, das richtig rät, ist nun mit Ausstellen und Lesen seines Werks an der Reihe.

104 Modell „Lulu"

Jedes Kind sucht in Illustrierten nach einer größeren Abbildung eines Tiers.
Der Kopf wird ausgeschnitten und auf die Mitte eines Blockblatts geklebt.

Nun werden die Kinder zu kreativen Friseuren und entwerfen eine todschicke Haartracht für ihren Schützling. Die ausgefallenen und ungewöhnlichen Perücken werden mithilfe von Zeichenstiften auf das tierische Haupt gezaubert. Daneben steht, wie diese Frisur gemacht wird.

Beispiel:

Modell „Lulu"

Anleitung
Zuerst werden die Haare ordentlich durchgekämmt. Nun bindet man über dem linken Ohr einen lustigen Schopf und befestigt diesen mit einer Schleife. Lulus Stirn wird von drei Kringellöckchen bedeckt. Die andere Seite wird fransig geschnitten und hängt locker herunter. Am Hinterkopf stehen ein paar Strähnen zu Berge.

105 Denkwürdiges vom Zeitungsmarkt

Hier geht es um Verkäufe, Kaufgesuche oder Tauschgeschäfte. In Gruppenarbeit sollen lustige Zeitungsanzeigen verfasst werden.

Folgende Angaben muss eine Annonce enthalten:
1. Einen Gegenstand
2. Wozu man ihn verwendet
3. Mindestens eine Besonderheit
4. Seinen Preis (Beim Tauschgeschäft lautet dieser Punkt: „Wogegen er eingetauscht wird.“)

Jedes Kind bekommt ein Blatt Papier, auf dem es nun den ersten Punkt notiert. Da das nächste Kind nicht wissen soll, um welchen Gegenstand es geht, wird das Geschriebene umgeknickt und dem Nachbarn weitergereicht. Dieser verfasst den zweiten Punkt und so fort.

Beispiel:

Alexander: Ich verkaufe
ein gut erhaltenes, hölzernes Schaukelpferd
zum Braten in der Röhre
mit elastischem Gummiband
für den Schnäppchenpreis von nur 1,99 Euro.

Tipp:

Fertigen Sie eine solche Kopiervorlage an. So entfällt das umständliche Zeilenziehen und man hat jederzeit ein kleines Spielchen für zwischendurch parat.

106 *Pfadfinder, aufgepasst!*

Hier geht es darum, Texte auf ihre Kernaussagen zu reduzieren.

Auf dem Overheadprojektor wird eine langatmige Wegbeschreibung angeboten, die – um zu verwirren – wesentlich mehr Infos enthält, als nötig wären, um an das Ziel zu gelangen. Wie viel Grad es an diesem Tag hat, wer die Mauer erbaut hat, bei der man links abbiegen soll usw. Also: Pfadfinder, aufgepasst! Welcher Gruppe wird die kürzeste Marschroute gelingen, die nur noch die wesentlichen Angaben beinhaltet? Wer es ganz genau nehmen möchte, darf durchaus zum Vergleich die Anzahl der Wörter zählen.

Variante:

Eine andere lustige Möglichkeit ist die Bearbeitung eines umfangreichen fiktiven Horoskops, das den Adressaten hoffnungslos verwirren würde, gäbe es nicht die schlauen Kinder, die die Zukunftsvision auf ihre relevanten prognostischen Inhalte reduzieren können.

107 *Pro und kontra*

Ebenso wie die Überschrift lautet auch die Tafelanschrift. Jeweils beide Klassenhälften treten gegeneinander an. Die eine Gruppe vertritt „für", die andere die Haltung „gegen", ohne jedoch noch zu wissen, worum es überhaupt geht. Dann verliest die Lehrerin die zu beurteilende These des Tages, z. B.: „In einer Ecke des Schulgartens soll ein Minispielplatz mit Sandkasten und Schaukel angelegt werden."

Sofort geht es ans Sammeln der Argumente. Die erste Klassenhälfte („pro") sucht nach Gründen für den Spielplatz, die zweite Hälfte („kontra") notiert Gründe gegen eine solche Anlage. Jeder darf an die Tafel kommen und seinen Standpunkt schriftlich fixieren. Abschließend werden die Argumente laut vorgetragen, wobei die Schüler ihre Stichpunkte mündlich in einem erklärenden Satz formulieren. Danach werden die Spalten auf die Stichhaltigkeit ihrer Aussagen geprüft, man diskutiert. Zuletzt darf die Klasse nach persönlichen Ansichten abstimmen.

Beispiel:

Pro	**Kontra**
• Pause nicht mehr langweilig	• Man wird schmutzig
• Weniger Streit	• Zu wenig Platz für alle
• …	• Es wird Streit um die Schaukel geben …

108 *Protokoll*

Jeden Tag soll ein anderes Kind eine Unterrichtsstunde protokollieren. Dabei üben die Schüler, einen Ablauf in Stichpunkten festzuhalten. Der Tischnachbar darf beim Formulieren helfen.

Besonders geeignet für den Anfang sind Sportstunden, weil die Reihenfolge der Übungen einfach zu benennen ist. Mit der Zeit kommt die Routine; die Schüler nehmen den Fachunterricht in einem größeren Zusammenhang wahr und lernen dabei zu strukturieren. Und was bereitet größeres Vergnügen, als das eigene (mehr oder weniger) gelungene Protokoll an der Pinnwand ausgestellt zu sehen?

Tipp:

Der jeweilige Protokollführer erhält einen Aufkleber, versehen mit Namen und Dienstgrad (Protokollführer), auf den Pulli, was auf die Wichtigkeit seiner Funktion hinweist.

109 Lustige Reimereien

Drei Bewerber dürfen sich vor der Klasse aufstellen. Sie haben die Aufgabe, zu einem an die Tafel geschriebenen Wort Reimwörter zu suchen.

Diese dienen nun als Vorlage für einen sich reimenden Vierzeiler. Entweder darf die Gruppe an der Tafel dieses Gedicht schreiben oder die ganze Klasse versucht zu dichten. Die Reihenfolge der Reimwörter ist dabei egal.

Beispiel:

Mein Bruder heißt Kai,
heiß liebt er Brei,
nur so fühlt er sich frei
und schreit laut: „Juchei!"

110 *Poesie in Dur und Moll*

Mit etwas Humor, Fantasie und ein paar „Mitarbeitern" sollen die Strophen bekannter Volkslieder mit neuem Text unterlegt werden.

Beispiel: *„Alle Vögel sind schon da"*

Alle Schüler sind schon da,
warten auf die Pause.
Mampfen, schlürfen, tirilieren,
jodeln, trampeln auf allen vieren.
Der Direx wird bald einmarschieren,
ein Ende hat die Sause.

Ein Freiwilliger unter den jeweiligen Dichtern darf das Kunstwerk der gespannten Hörerschaft vortragen.

111 Blitzzeichnen

Dieses Spiel eignet sich hervorragend zur Vorbereitung von beschreibenden Texten, da es darum geht, Wesentliches kenntlich zu machen.

Jedes Kind ist mit einem Zeichenblatt und einer Wachsmalkreide in gut sichtbarer Farbe gerüstet. Die Lehrerin diktiert das erste zu zeichnende Bildmotiv: „Zeichne einen Elefanten, so flott du kannst!"

Während sich die Künstler über ihre Leinwand beugen, suchen die Augen der Lehrerin unauffällig nach den beiden schnellsten Zeichnern mit den typischsten Elefanten. Diese Kinder merkt sie sich. Dann wartet sie in Ruhe ab, bis auch der Letzte sein Werk vollendet hat.
Die beiden ausgewählten Künstler dürfen nun nach vorne kommen, um ihre Tierbilder der Klasse vergleichend zu präsentieren. Woran erkennt man sofort, dass es sich um einen Elefanten handelt? Der Elefant ist groß, hat einen Rüssel usw. Die Kinder erkennen: „Wir zeichnen die typischen Kennzeichen von Dingen, Personen, Tieren ..."

Weitere geeignete Bildmotive sind: Katze, Kuh, Kamel, Stuhl, Bett, Tisch, Bauer, Lehrerin ...

Wichtig: Es geht nicht darum, wer besser zeichnen kann, sondern woran ein Mensch, Gegenstand, Tier usw. zu erkennen ist.

112 Fantastische Klapp-Kleckse

Zu Beginn der Deutschstunde steht, sehr zum Erstaunen der Schüler, „Malen mit Wasserfarben" auf dem Plan. Auf ein großes Zeichenpapier wird angerührte Farbe aufgetropft, gespritzt oder gemalt und dann das Papier zusammengeklappt. So entstehen lustige und völlig unterschiedliche Kleckse.

Wir stellen uns vor, diese Gebilde stellen nun Werke von größtem künstlerischem Wert dar; das stumpfe Auge des Laien vermag dies nur auf den ersten Blick nicht zu erkennen.
Es ist an den Schülern, jeweils den Klecks des Nachbarn blumenreich zu interpretieren und eine Fantasiebeschreibung des Bildes in Worte zu fassen.

Da überragen beispielsweise die Zacken eines blau schimmernden Schneebergs eine friedlich im Abendrot ruhende Wildhüterhütte etc. Hier darf einmal richtig offiziell „geschnulzt" werden. Hauptsache, es macht Spaß.
(Und ehrlich gesagt: Wenn Maler hören könnten, was heute in so manches ihrer Bilder hineingedeutet wird, sie würden sich womöglich im Grab umdrehen bzw. kaputt lachen …)

113 Augen auf!

Im Mittelpunkt der Aufmerksamkeit steht ein vergrößertes Bild oder ein Kunstdruck. Die gewählte Thematik sollte zwar einen Bezug zu den Schülern aufweisen, ist aber für die Durchführung des Spiels nicht von Belang. Hauptsache, das Bildmotiv weist eine komplexe Inhaltsstruktur mit vielen Details auf. Die sogenannten Wimmelbilder (z. B. aus den Büchern von Ali Mitgutsch oder Malereien von Pieter Breughel), eignen sich besonders gut.

Die Kinder dürfen das Bild nun fünf Minuten lang ganz genau betrachten und sich möglichst viele Einzelheiten einprägen. Dann wird das Bild verdeckt! Anschließend sollen Fragen beantwortet werden. Das kann entweder in einem Klassengespräch geschehen, wobei die Kinder einzeln oder in einer Gruppe Punkte sammeln können, oder Sie bereiten einen Fragebogen vor (Querformat DIN A3), auf welchem die Schüler pro Frage eine Zeile lang genaueste Beschreibungen formulieren sollen.

Beispiele für Fragen zu einer Marktszene:

1. Wie viele Stände bieten Äpfel an?
2. Welche Früchte packt die Marktfrau dem Käufer ein?
3. Was trägt dieser als Kleidung?
4. Ein Stand hat eine Überdachung: Erinnerst du dich an das Muster?
5. Sind Tiere auf dem Bild zu sehen? Welche? Wo?

114 Bilddiktate

Bei diesem äußerst beliebten und spannenden Malspiel müssen die Schüler sich konzentrieren, genau zuhören, sich das Gesagte auf der Bildebene vorstellen und dann die Geschichte zeichnerisch zu Papier bringen. Dabei werden verschiedene Sinne angesprochen und die Kinder bekommen erlebnishafte Eindrücke vom Entstehen einer Geschichte. Ein Kind darf sich ein Bild aussuchen und dessen Inhalte den Mitschülern genauestens beschreiben. Nach jedem Satz muss es dabei eine lange Pause machen, bis alle soweit sind.

Beispiel:

Ich sehe eine Landschaft im Sommer. – Am linken Bildrand ragen drei hohe Tannenbäume empor. – In der Bildmitte steht ein Haus mit zwei Fenstern, die Haustüre ist offen. – Auf dem Kamin sitzt ein Rabe. – Rechts neben dem Haus befindet sich ein kleiner Teich. – Eine Ente mit drei Küken schwimmt darauf ...

Tipp:

Für ihr Bilddiktat verwenden die Schüler eine dunkle Wachsmalkreide. Steht bei allen der Entwurf, wird darüber gesprochen und die Bilder werden verglichen. Wo sind Gemeinsamkeiten, wo Unterschiede, warum gibt es Unterschiede? Anschließend dürfen die Zeichnungen farbig ausgestaltet werden.

115 Lese-Bilder-Bücher

Im Kunstunterricht wird die Voraussetzung für solch ein Buch geschaffen. Jedes Kind gestaltet zu einem vorgegebenen Rahmenthema ein Bild. Damit möglichst unterschiedliche Motive entstehen, ist es wichtig, das Thema offen anzulegen und die Fantasie der Kinder anzuregen.

Beispiel:

- Technik: Gestalten mit Wasserfarben – Einsatz von sogenannten „kalten Farben“ (Blautöne, Grautöne)
- Thema: „Die Eisprinzessin“

Die Schüler einigen sich auf einen verbindlichen Namen für die Hauptfigur. Jeder hat fünf Minuten stille Bedenkzeit, um sich für ein Ereignis zu entscheiden, das „seiner“ Prinzessin auf dem Eis widerfährt. Dieses Erlebnis kann lustig, gefährlich, beglückend ... sein. Es können nach Bedarf zusätzliche Figuren, Tiere und Hintergründe aller Art eingesetzt werden. Dann geht es an die Malerei.

In einer nachfolgenden Deutschstunde wird der Text zum Kunstwerk verfasst. Dabei stellt jedes Bild ein weiteres Kapitel im großen „Eis-Buch“ der Klasse dar.

116 Neue Ernte

Jedes Kind bekommt einen Pappteller und beklebt diesen mit Fotos angerichteter Speisen aus Illustrierten oder Rezeptheften. Achtung! Gesunde Nahrungsmittel sind angesagt, z. B. Milchprodukte, Gemüse, Früchte der Saison usw. Auf einem separaten Blockblatt erläutern die Kinder die kreative Zusammenstellung ihrer Speisen etwas näher und gehen dabei möglichst auch auf die Geschmacksrichtung und den Nutzen für den menschlichen Organismus ein.

Das kreativste Rezept wird mit Telleransicht an der Pinnwand ausgestellt und mit einer Möhre prämiert.

117 Quatschrezepte

Für dieses kreative Spiel stellt die Lehrerin beliebige Dinge aus der Vorratskammer auf den Tisch, z. B. Pfeffer, eine Zitrone, eine Dose Katzenfutter, ein Salatblatt usw.
Voilà! Was daraus wohl entstehen kann?

Nicht die besten Köche, sondern die findigsten Wortschatz-, Ausdruck- und Satzbaumeister haben ihre Chance! Wer präsentiert das exotischste Rezept mit dem verlockendsten Rezepttitel?
Erfahrungsgemäß macht es den Kindern einen Riesenspaß, ebenfalls „Zutaten" von zu Hause mitzubringen und die Klasse damit Rezepte erfinden zu lassen. Die grauenvoll köstlichen Rezeptvorschläge werden natürlich gesammelt und in der Form von Minikochbüchern auch anderen Klassen nicht vorenthalten.